Straßen und Häuser in Friedenau
Ein Führer für Friedenauer und andere Entdecker

AF140646

epilog 6.001

Die Kirche ›Zum Guten Hirten‹
auf dem Friedrich-Wilhelm-Platz.

Straßen und Häuser in
Friedenau
Ein Führer für Friedenauer und andere Entdecker

Schriftreihe Epilog • Band 6.001
Herausgegeben von Ronald Hoppe

epilog.de

Bibliografische Information der Deutschen Nationalbibliothek:
Die Deutsche Nationalbibliothek verzeichnet diese Publikation
in der Deutschen Nationalbibliografie; detaillierte bibliografische
Daten sind im Internet über http://dnb.dnb.de abrufbar

Getextet und gestaltet von Ronald Hoppe
Redigiert von Bernhard Rühl
Durchgesehen von Dorothee Raufuß & Andreas Fuchs
Fotos und Illustrationen vom Autor und aus dem Archiv von epilog.de
Herstellung und Verlag: BOD – Books on Demand, Norderstedt

ISBN: 978-3-7392-4680-2

Inhalt

Gruss aus Friedenau

Rheinstrasse.

Gymnasium.

An der Kaisereiche.

Kirche zum guten Hirten.

Friedenau für Entdecker

Friedenau entstand im wahrsten Sinne des Wortes am Reißbrett und auf der Grünen Wiese. Im Gegensatz zu vielen anderen Ortsteilen Berlins gab es kein Dorf als Keimzelle, sondern nur den Wunsch der Berliner, der Wohnungsnot der Hauptstadt zu entfliehen.

Findige Unternehmer kauften Land am südwestlichen Speckgürtel von Berlin, parzellierten es und warben 1871 die ersten Einwohner an. Zunächst entstanden Landhäuser rund um die spätere Kaisereiche, aber dann wurde Friedenau immer weiter Richtung Nordwesten besiedelt, wobei die kleinen Häuschen nach und nach durch Mietshäuser ersetzt worden sind. Anfang des 20. Jahrhundert war dann Friedenau ›fertig‹.

Auf Schöneberger Gebiet ging es dann um 1910 weiter, an der Rubensstraße entstanden Siedlungen im Stil der ›Neuen Sachlichkeit‹, die zwar bis heute nicht offiziell zu Friedenau gehören, sich aber die Infrastruktur mit Friedenau teilen.

Den 2. Weltkrieg hat Friedenau relativ glimpflich überstanden, viele Häuser verloren aber Fassadenschmuck und Dachgauben. Die wenigen entstanden Baulücken wurden schnell und recht schmucklos gefüllt. Ein wirklicher Einschnitt in die Idylle war erst die ›autogerechte‹ Umgestaltung Berlins in den 1970er-Jahren, als Vorgärten und Symmetrie der Möglichkeit weichen mussten, Friedenau so schnell wie nur möglich zu durchfahren.

Trotzdem hat sich Friedenau bis heute sein Flair bewahrt. Irgendwo zwischen Altbacken und Hipp angesiedelt, findet man immer noch ohne Probleme wenige Schritte neben den Hauptverkehrsstraßen idyllische Fleckchen. Und wenn man mit offenen Augen durch die Straßen läuft kann man so manches Kleinod erblicken.

Dieses Buch soll Ihnen bei diesen Entdeckungen helfen, und die beste Methode, es zu benutzen ist die, es bei einem Spaziergang griffbereit in der Tasche zu haben. Ein bisschen ist Friedenau wie ein Freilichtmuseum, hier findet man 150 Jahre Architektur- und Industriegeschichte auf engsten Raum, aber auch Wohnstätten vieler Künstler und so manches Exponat am Wegesrand.

Ich wünsche Ihnen viele interessante und erstaunliche Erlebnisse, wenn Sie Ihr Friedenau entdecken.

• *Ronald Hoppe*

Straßen und Plätze
in
Friedenau
von
A bis Z

Bei jedem Straßennamen ist, so weit sinnvoll, der Zeitraum angegeben, in dem die Straße den Namen führte. Aufgegebene Straßennamen wurden möglichst berücksichtigt. Gänzlich verzichtet haben wir auf Straßennamen, die nur in alten Planungen verzeichnet sind, aber wahrscheinlich nie verwendet wurden. Im Text und den Bildunterschriften wurden bis auf wenige Ausnahmen die heutigen Bezeichnungen verwendet.

Wenn vorhanden schließt ein Straßeneintrag mit einer Liste von Hausnummern mit ⌂ Baudenkmalen und ⊠ Stolpersteinen.

Wenn nicht anders angegeben geben die Zeitangaben bei Gebäuden das Jahr der Fertigstellung an.

Neben dem offiziellen Friedenau wurde auch das ›gefühlte Friedenau‹ berücksichtigt:

• Die Straßenzüge rund um die Ceciliengärten zwischen Hauptstraße und Wannseebahn.

• Der sogenannte ›Dürer-Kiez‹, das Dreieck zwischen, Rubens- und Thorwaldsenstraße und der Wannseebahn, dessen Grundstücke Ende des 19. Jahrhunderts geschäftstüchtig als ›Neu-Friedenau‹ vermarktet wurden.

• Zwei kleinere Abschnitte an der Grenze zu Steglitz und Wilmersdorf, die bis in die 1930er-Jahre zu Friedenau gehörten.

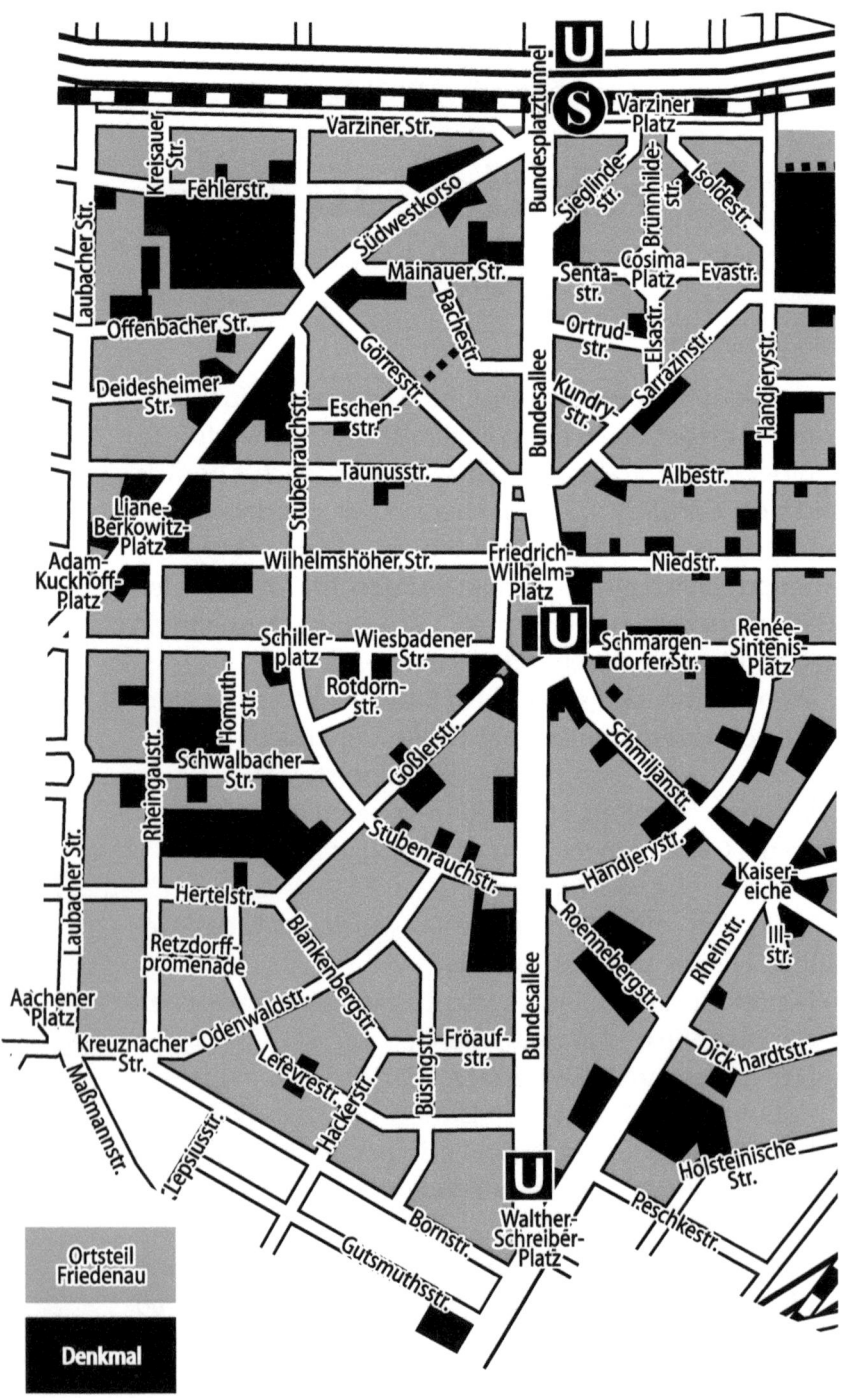

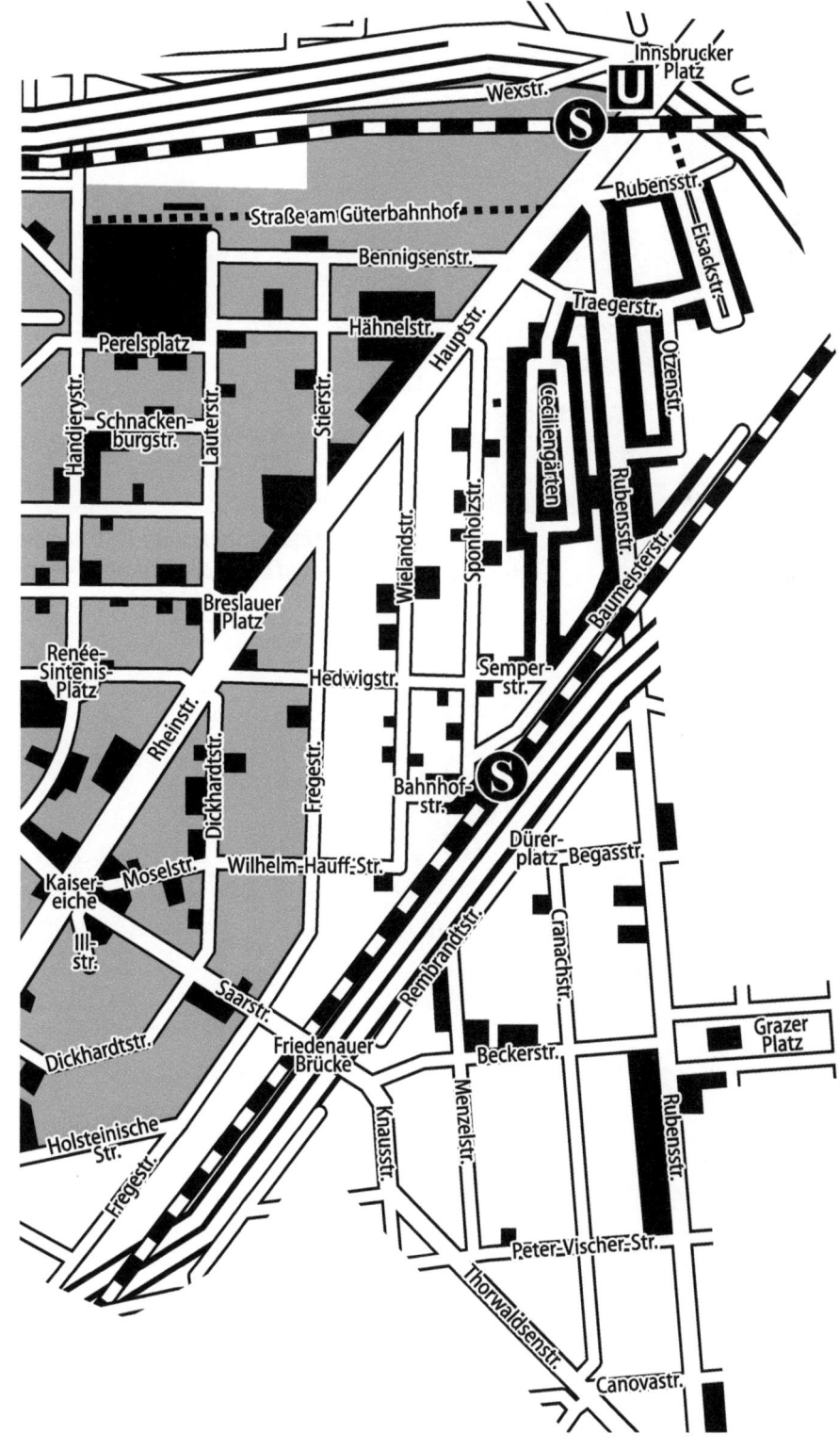

Der ⇧ Kinderbrunnen um 1920 und der ⇩ Erikabrunnen 2012 auf dem Adam-Kuckhoff-Platz.

Aachener Platz (1900–1945)

Der Platz befand sich an der ↑Laubacher- Ecke ↑Kreuznacher Straße und bildete eine Ausbuchtung der Friedenauer Grenze nach Wilmersdorf. In den 1930er Jahren wurde die Grenze begradigt und um 1950 verschwand der Platz von den Stadtplänen.

Adam-Kuckhoff-Platz (1990–)

Fläche 70 m × 160 m (Dreiecksform). Auf dem nach dem Schriftsteller und Widerstandskämpfer Adam Kuckhoff (1887–1943) benannten Platz stand bis zu seiner Zerstörung 1943 der ›Kinder-Brunnen‹. 1982 wurde er als ›**Erikabrunnen**‹ mit zwei frei nachgestalteten Figuren von Heinz Spilker rekonstruiert.

Albestraße (1875–)

Länge 410 m. In der nach der Albe – einem Nebenfluss der Saar – benannten Straße wurde 1876 in der Nr. 32 die erste Gemeindeschule von Friedenau gegründet.

In der Albestraße 21 und der ↑Niedstraße 19 befand sich ab 1872 die **Optische Werkstätte Paul Wächter**, deren Trichinenmikroskope zur Verwendung in Schlachthöfen weltweit verkauft wurden und in der Nr. 11 stellte der Mechaniker **Paul Stückrath** ab 1887 Präzisionswaagen und Seismographen her.

Der Komponist **Max Bruch** (1838–1920) wohnte in der Albestraße 3 und der Ethnologe **Heinrich Cunow** (1862–1936) in der Nr. 15. Der Schauspieler **Max Schreck** (1879–1936) lebte während seiner Schulzeit ebenfalls in der Albestraße.

⌂ Nr. **5**: Wohnhaus von W. Spieß (1885) • Nr. **19/20**: Mietshäuser mit Vorgarteneinfriedung von James Ruhemann (1893) • Nr. **24**: Landhaus von Otto Hoffmann (1888) • Nr. **30**: Mietshaus mit Vorgarteneinfriedung von Richard Draeger (1892)

⇧ *Der Bahnhof Friedenau um 1900, im Hintergrund links die Bahnhofstraße.*

Die Bahnhofs-Gaststätte Friedenau im Schweizerhaus‹-Stil in der Bahnhofstraße ⇧ um 1900 und ⇩ heute.

Am Friedhof (um 1900)
↑ Fehlerstraße, ↑ Offenbacher Straße

Aufbaustraße (1945–1947)
↑ Görresstraße

Bachestraße (1910–)

Länge 200 m. Benannt nach dem Kommunalpolitiker Friedrich Bache (1841–1917). An der Ecke ↑ Bundesallee 72 befanden sich von 1912 bis 1915 die **Pfalzburg Lichtspiele**, ein Stummfilmkino mit 155 Sitzplätzen.

Bahnhofstraße (1874–)

Länge 70 m in Schöneberg. Die Straße liegt an der Trasse der 1838 eröffneten ersten Eisenbahnstrecke Preußens von Berlin nach Potsdam. 1874 wurde mit der **Wannseebahn** eine parallel verlaufende Vorortstrecke geschaffen, in deren Verlauf im gleichen Jahr auch der **Bahnhof ›Friedenau‹** eröffnet worden ist.

⊠ Nr. **1**: Mietshaus von Kurt Berndt 1892 • Nr. **4**: Beamtenwohnhaus des Königlichen Eisenbahn-Betriebsamt (1889)

Bahnstraße (1872–1875)
Benannt nach der hier verlaufenden Eisenbahn Berlin–Potsdam. Heute ↑ Saarstraße.

Baumeisterstraße (1912–)

Länge 510 m in Schöneberg. In der nach dem Bauingenieur Reinhard Baumeister (1833–1917) benannten Straße wirkte in der Nr. 8 der Klarinettist und Berliner Kammervirtuose **Alfred Bürkner** (1905–1981).

⊠ Nr. **4–8**: Siedlung Ceciliengärten von Heinz Lassen (1928) • Nr. **9–16**: Wohnanlage von Paul Mebes und Paul Emmerich (1928)

Die überlebensgroße Skulptur eines Schmieds am Gebäude der Bauklempnerei Paul Thom in der Bennigsenstraße

Beckerstraße (1892–)

Länge 370 m in Schöneberg. Straße im ›Dürerkiez‹, benannt nach dem Maler Karl Becker (1820–1900).

⌂ Nr. **6–6A**: Doppelmietshaus von Oskar Haustein (1900) und Brunnen des Innenhofes Beckerstr. 6 • Nr. **8**: Mietshaus von Richard Draeger (1897)

Begasstraße (1892–)

Länge 200 m in Schöneberg. Die Straße im ›Dürerkiez‹, wurde nach dem Bildhauer Reinhold Begas (1831–1911) benannt.

Bennigsenstraße (1903–)

Länge 380 m. Benannt nach Rudolf von Bennigsen (1824–1902), Politiker und Präsident des Preußischen Abgeordnetenhauses.

⌂ Nr. **23–24**: Fabrikgebäude der Bauklempnerei Paul Thom mit Vorgarteneinfriedung von Peter Vogler (1905) | ⌧ Nr. **17**

Berliner Platz (1873–1884)

↑ Perelsplatz

Bismarckstraße (1876–1937)

Benannt nach dem deutschen Reichskanzler Otto von Bismarck (1815–1898). Heute ↑ Sarrazinstraße.

Blankenbergstraße (1895–)

Länge 225 m. Benannt nach dem Unternehmer und Kommunalpolitiker Louis Blankenberg (1821–1889). Um 1900 wurde ein Teil der Blankenbergstraße in ↑ Hertelstraße umbenannt.

⇧ *Der Bornmarkt in den 1950er-Jahren.*
⇩ *Links das Rathaus Friedenau 1943 und rechts nach dem Wiederaufbau 1953.*

⇩ *Blick in die Brünnhildestraße Richtung Ringbahn um 1940.*

Bornstraße (1889–)

Länge 525 m. Benannt nach dem Unternehmer David Born (eigentlich David Buttermilch, 1817–1879). Born kaufte und parzellierte den Bereich zwischen Schöneberg und Steglitz, auf dem die Landhauskolonie Friedenau entstand. Nach seinem Tod wurden auf dem Gelände immer mehr Mietshäuser gebaut, die den Charakter von Friedenau bis heute prägen.

Die Straße ist in alten Plänen als Zehlendorfer Straße und als Steglitzer Straße verzeichnet und bildet heute die Grenze zwischen Friedenau und Steglitz. Bis in die 1930er Jahre verlief diese Grenze eine Straße weiter an der Südseite der ↑Gutsmuthsstraße. Auf dem Grundstück zwischen diesen Straßen fand seit 1908 ein Wochenmarkt – der Bornmarkt – statt, der dann praktisch von Friedenau nach Steglitz umgezogen ist. Heute steht an dieser Stelle das 1970 eröffnete ›Forum-Steglitz‹.

Breslauer Platz (1964–)

Größe 70 m x 50 m (Dreiecksform). Benannt nach Breslau, ehemalige Hauptstadt Schlesiens. Der Platz wurde im Volksmund Schulplatz genannt, die Erstbenennung war Lauterplatz. Hier findet einer der ältesten Berliner Wochenmärkte statt. Direkt am Platz steht das 1917 erbaute **Rathaus Friedenau.**

◹ Kiosk mit Wartehäuschen und Bedürfnisanstalt von Heinz Lassen (1929) • Rathaus Friedenau von Hans Altmann (1917).

Brünnhildestraße (1906–)

Länge 125 m. Im ↑Wagnerviertel, benannt nach Brünnhilde, einer Figur aus Richard Wagners Oper *Die Walküre.*
☒ Nr. **3, 8**

⇧ *Das Gebäude der Askaniawerke nach der 1937 fertig gestellten Erweiterung.*

⇧ ⇩ *Die Häuser in der Bundesallee 109–106 um 1910.*

Bundesallee (1950–)

Länge 1480 m in Friedenau, 2300 m in Wilmersdorf. Benannt nach dem Bundeshaus zwischen der Schaper- und Spichernstraße in Wilmersdorf. Die Straße hieß ursprünglich Kaiserstraße und wurde dann in ↑ Kaiserallee umbenannt. Die Allee ist die zentrale Nord-Südachse der ↑ Carstenn-Figur und wurde zwischen 1872 und 1874 angelegt.

Der Schriftsteller **Georg Hermann** wohnte in der Bundesallee 68 und 108, der bekannte Berliner Theaterkritiker **Friedrich Luft** in der Bundesallee 74, der Satiriker und Schriftsteller **Kurt Tucholsky** und die Widerstandskämpferin **Edith Wolff** in der Bundesallee 79. Für kurze Zeit lebte auch **Marlene Dietrich** (1901–1992) als 16-Jährige in der Bundesallee 135.

In der Bundesallee 75, direkt am ↑ Friedrich-Wilhelm-Platz, wo heute das Hotel Klee zu finden ist, lag die legendäre Eckkneipe ›**Bundeseck**‹, wo sich in den 1960er und 70er-Jahren die linke Autorenszene traf.

In der Bundesallee 86–88 befanden sich die Werkstätten für Präzisions-Mechanik und Optik Carl Bamberg (**Askaniawerke**). Das von Kreuschmer & Co. 1888 erbaute und von Max Gronau 1916 aufgestockte Werkstattgebäude wurde zwischen 1918 und 1937 von Hans Altmann wesentlich erweitert.

In der Bundesallee 72 unterhielt von 1912 bis 1915 die **Pfalzburg Lichtspiele**, ein Stummfilmkino mit 155 Sitzplätzen, die Friedenauer. 1919 wurde in der Bundesallee 111 ein weiteres Stummfilmkino, das ›**Colibri**‹ eröffnet. Das

Das Haus Bundesallee 75 in den 1910er-Jahren. An der Ecke befand sich 50 Jahre später das ›Bundeseck‹.

⇧ *Der Blick vom Friedrich-Wilhelm-Platz über die Bundesallee in Richtung Norden um 1910.* ⇩ *Der heutige Blick in die umgekehrte Richtung über den Bundesplatztunnel.*

Kino ist – inzwischen unter dem Namen ›**Cinema**‹ und mit Ton – immer noch im Betrieb. Nicht weit davon entfernt, in der Bundesallee 102 wo 1959–2003 ein Hertie-Kaufhaus stand und heute das ›**Schloß-Straßen-Center**‹ ist, eröffneten 1912 die Kammerlichtspiele, später **Rheineck-Lichtspiele**, die 1958, inzwischen unter den Namen **Thalia-Lichtspiele**, geschlossen wurden.

⌂ Nr. **67**: Mietshaus von Franz Seek (1908) • Nr. **76–76A**: Pfarrhaus von Hans Altmann (1913) • Nr. **79A–81**: Mietshäuser und Torbogen von Franz Steinbrucker & Anton Raubert (1911) • Nr. **86–88**: Werkstätten für Präzisions-Mechanik und Optik Carl Bamberg (Askaniawerke) von Kreuschmer & Co., Max Gronau und Hans Altmann (1887–1937) • Nr. **104–105**: Konfektionshaus Ebbinghaus von Hans Schaefers (1962) • Nr. **129**: Mietshaus von R. Miethe (1892) • Nr. **138**: Doppelmietshaus Hugo Merckens (1906) • Nr. **139**: Mietshaus von Fritz Schönknecht (1906) | ☒ Nr. **79, 111**

Bundesplatztunnel

In den 1960er-Jahren wurde der Bundesplatz ›autogerecht‹ umgestaltet und parallel mit der damals gebauten U-Bahnlinie 9 untertunnelt. Auf Friedenauer Gebiet zieht sich die Tunnelausfahrt bis zur Höhe ↑Kundrystraße/↑Bachestraße und zerschneidet den ehemaligen Kiez.

Bundesstraße 1

↑Potsdamer Straße

Büsingstraße (1905–)

Länge 380 m. Benannt nach dem Architekten Friedrich Wilhelm Büsing (1834–1904). Büsing war Professor an der Technische Hochschule Charlottenburg und 1888–1892 sowie 1902–1904 Gemeindevertreter in Friedenau.

In der Büsingstraße 16 wohnte die Künstlerin **Hannah Höch**.

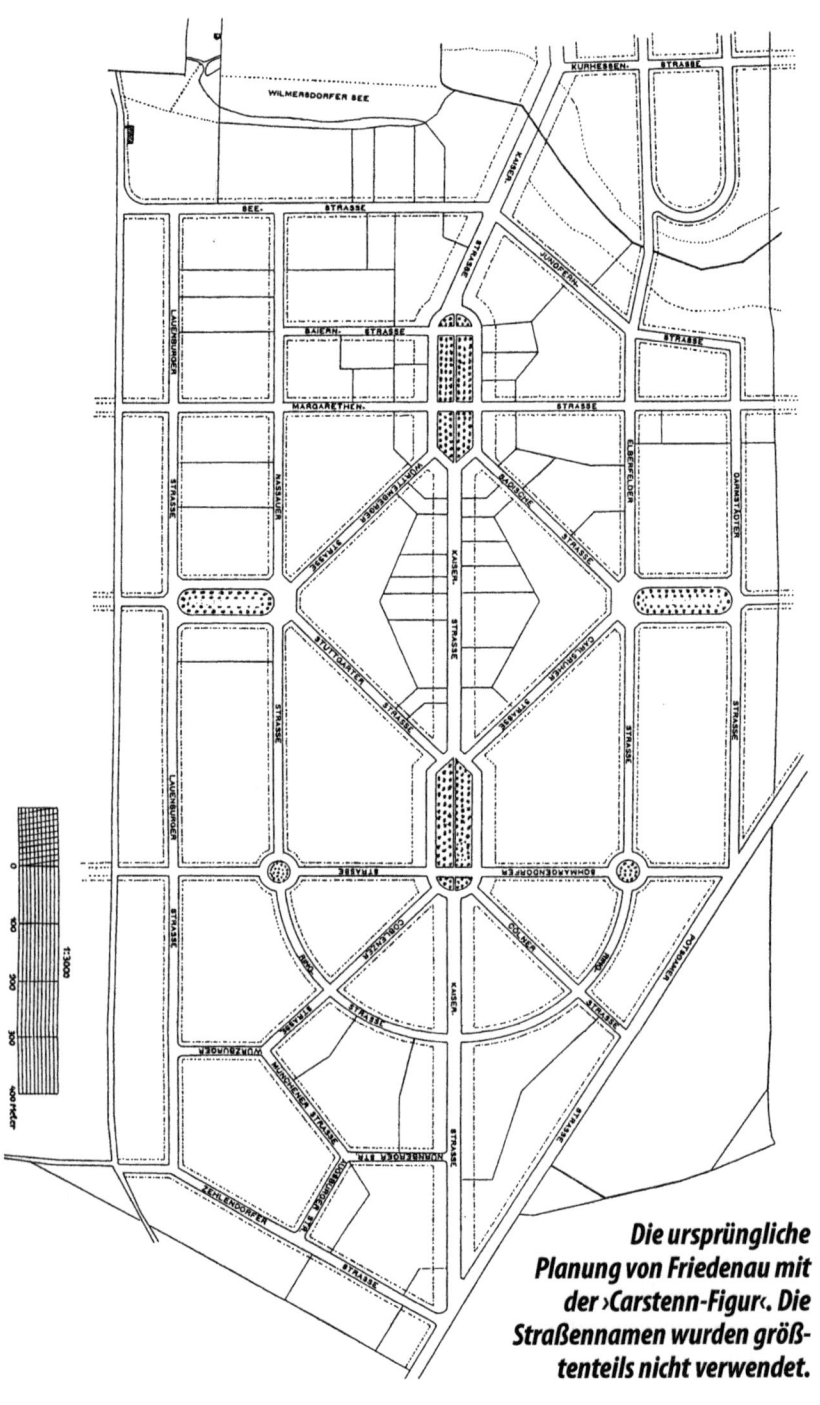

Die ursprüngliche Planung von Friedenau mit der ›Carstenn-Figur‹. Die Straßennamen wurden größtenteils nicht verwendet.

Canovastraße (1892–)

Länge 110 m in Schöneberg. Straße
im ›Dürerkiez‹, benannt nach dem
italienischen Bildhauer Antonio Canova

(1757–1822). 1960 wurde die Straße für den Ausbau des
Auguste-Viktoria-Klinikums verkürzt, die Verlängerung des jetzigen Teilstücks nach Westen bildet inzwischen den Haupteingang des Klinikums.

Carstenn-Figur

Die Carstenn-Figur stellt in Berlin eine regelmäßige
städtebauliche Anordnung von Straßen und Plätzen
dar, die zuerst in Wilmersdorf von dem Landentwickler
Johann Anton Wilhelm von Carstenn geplant und und
verwirklicht wurde. Fasanenplatz, Nürnberger Platz,
Prager Platz sowie Nikolsburger Platz bilden dabei die
Eckpunkte und die Bundesallee die zentrale Mittelachse der Figur.

Als Carstenn zusammen mit Johannes Otzen 1871 die
Landhauskolonie Friedenau als Villenvorort englischen
Stils konzipierte, wurde hier eine zweite Carstenn-Figur
verwirklicht. Die geplanten vier Schmuckplätze waren
der ↑ Perelsplatz, der ↑ Renée-Sintenis-Platz, der ↑ Schillerplatz und der ↑ Hamburger Platz, die Mittelachse ist
wiederum die ↑ Bundesallee. Der ↑ Friedrich-Wilhelm-
Platz bildet den Mittelpunkt, der Bundesplatz und
der ↑ Walther-Schreiber-Platz begrenzen die Achse.
Hinzu kommt ein umlaufender Straßenzug: die ↑ Stubenrauchstraße und die ↑ Handjerystraße als hufei-
senförmiger Bogen mit einer nördlichen Verbindung
durch die ↑ Mainauer, ↑ Senta- und ↑ Evastraße. Diese
Carstenn-Figur gibt bis heute das streng geometrische
Kataster Friedenaus vor. Das Grundraster war aber ein
Generalplan, und wurde schon recht früh aus prak-
tischen oder monetären Gründen durchbrochen, sei
es durch den ↑ Südwestkorso oder den Friedenauer

⇧ *Rechts ein Blick in die Ceciliengärten 1930, links die Skulptur auf dem Fuchsbrunnen von Max Esser. In den Ceciliengärten stehen auch die beiden Skulpturen ›Der Morgen‹ und ›Der Abend‹ von Georg Kolbe.*

⇩ *Der Cosimaplatz in den 1920er Jahren. Die Fontäne hat den Krieg leider nicht überlebt und 2007 wurden die letzten Spuren einer gärtnerische Gestaltung getilgt.*

Friedhof auf dem ehemaligen ↑Hamburger Platz. Auch bei der Erschließung der einzelnen Gevierte entstanden immer wieder kleinere Erschließungsstraßen, wie z. B. im ↑Wagnerviertel.

Mit der ›autogerechten‹ Umgestaltung Berlins in den 1960er-Jahren ging entgültig viel von der Geometrie der beiden Carstenn-Figuren verloren. In Friedenau zerschnitt der ↑Bundesplatztunnel die nördliche Verbindung von Mainauer und Sentastraße, der ursprünglich angerförmige ↑Friedrich-Wilhelm-Platz wird nur noch einseitig vom Verkehr umflossen, der dann größtenteils in die ↑Schmiljanstraße asymmetrisch abgeleitet wird.

Ceciliengärten (1912–)

Länge 600 m in Schöneberg. Benannt nach der Kronprinzessin Cecilie von Preußen (1886–1954), Gattin des deut-

schen Kronprinzen Wilhelm. Die Straße ist auf einer Länge von rund 200 m angerähnlich erweitert und wird von der gleichnamigen Wohnanlage ›eingerahmt‹.

In den Ceciliengärten 27 lebte und arbeitete 1929–1933 der Maler und Grafiker **Hans Baluschek** im Atelierturm an der ↑Semperstraße. Der Literaturhistoriker und Schriftsteller **Heinrich Spiero** (1876–1947) wohnte von 1945 bis zu seinem Tod in der Nr. 20.

◫ Nr. **2–53** Siedlung Ceciliengärten von Heinz Lassen (1928) und Grünanlagen von Albert Brodersen & Heinz Lassen (1912, 1928)

Cosimaplatz (1935–)

Größe 50 m × 50 m. Benannt nach Cosima Wagner (1837–1930), Frau von Richard Wagner. Der Platz bildet den

Mittelpunkt des ↑Wagnerviertels und hieß früher auch ↑Wagner Platz. Im Haus Nr. 2 soll **Rudi Dutschke** 1968 für kurze Zeit in einer konspirative Wohnung logiert und Sprengstoff gebunkert haben. ☒ Nr. **5**

⇧ Um 1910 war der Zugang zum Bahnhof Friedenau am Dürerplatz von kleinen Geschäften gesäumt. ⇩ Gut Einhundert Jahre später empfängt hier eine Betonwand die Reisenden. Das Portal und der Tunnel wurden 2004 durch Jugendliche des ›Jugendfreizeitheims Vorarlberger Damm‹ mit Friedenau-Motiven künstlerisch gestaltet.

Cranachstraße (1892–)

Länge 660 m in Schöneberg. Straße im ›Dürerkiez‹, benannt nach Lucas Cranach der Ältere (1472–1553), Maler und Grafiker. **Rosa Luxemburg** wohnte in der Nr. 58.

⌂ Nr. **2**: Mietshaus von Wilhelm Rapsch (1894)

Deidesheimer Straße (1909–)

Länge 175 m in Friedenau, 310 m in Wilmersdorf. Benannt nach Deidesheim, einer Stadt im rheinland-pfälzischen Landkreis Bad Dürkheim. ⌧ Nr. **6**

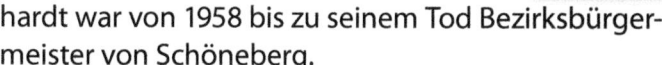

Dickhardtstraße (1962–)

Länge 350 m. Benannt nach dem Kommunalpolitiker Konrad Dickhardt (1899–1961). Früher ↑ Ringstraße. Dickhardt war von 1958 bis zu seinem Tod Bezirksbürgermeister von Schöneberg.

⌂ Nr. **2**: Mietshaus von Oskar Haustein (1910) • Nr. **4**: Mietshaus mit Vorgarteneinfriedung von Gustav Grassmann (1903) • Nr. **5**: Mietshaus von Oskar Haustein (1903) • Nr. **7–8**: Mietshaus von Oskar Haustein (1896) • Nr. **11–13**: Reihenhäuser von H. Franzke (1891) • Nr. **30**: Wohnhaus von Hans Bernoulli (1905) • Nr. **42–43**: Mietshaus von Richard Preuß (1910) • Nr. **56**: Mietshaus mit Vorgarteneinfriedung von A. Colosser(1905)

⌧ Nr. **6, 15, 39, 61**

Dürerplatz (1892–)

Größe 40 m × 40 m. Platz im ›Dürerkiez‹ in Schöneberg, benannt nach Albrecht Dürer (1471–1528), Maler, Grafiker und Mathematiker. Von dem Platz aus verläuft ein Fußgängertunnel unter der Autobahn und der Eisenbahn hindurch zum **Bahnhof Friedenau** und zur ↑ Bahnhofstraße.

Die Schöneberger Untergrundbahn

Zeitschrift für Bauwesen • 1911

Betriebsbahnhof und Werkstätten

Für den Betriebsbahnhof und die Werkstätten wurde am südlichen Ende der Bahn der innere Teil eines städtischen Baublockes gewählt, der von der Holbein-Straße, Innsbrucker Straße und der Straße 43 an der Ringbahn begrenzt wird. Damit kein wertvolles Bauland in Anspruch genommen zu werden brauchte, ist der Bahnhof so auf das Hinterland gelegt worden, dass nach der Innsbrucker Straße hin ein Baustreifen von 25 m Tiefe verbleibt, durch dessen Bebauung die Bahnhofsanlage völlig verdeckt wird.

Wagenhalle und Werkstätte sind so weit wie möglich nach Süden vorschoben, um in nördlicher Richtung für die spätere Erweiterung dieser Gebäude Gelände frei zu halten. Die Zufahrt erfolgt südlich von der Haltestelle Hauptstraße aus mit Hilfe einer eingleisigen Rampe, die an der Wagenhalle vorbei nach den dahinter liegenden Verschiebegleisen führt. Die Züge müssen daher zurückgesetzt werden, um in die Wagenhalle zu gelangen. Diese Anordnung gestattet, einerseits die Verschiebegleise in die Spitze des dreieckigen Grundstückes hineinzudrängen und anderseits Platz zu erhalten für eine spätere Erweiterung der Wagenhalle und der Werkstätten. Trotzdem ist die Länge der Verschiebegleise so reichlich bemessen, dass auf ihnen zum Teil Züge bis zu 5 Wagen umgesetzt werden können.

Eisackstraße (1927–)

Länge 200 m in Schöneberg. 1927 von der Innsbrucker Straße abgeteilt und benannt nach dem Südtiroler Fluss Eisack. Die Straße wird von einer denkmalgeschützten Wohnanlage von Hans Lassen aus den 1920er Jahren geprägt. Unter der Straße lag ein Kehr- und Abstellanlage der **Schöneberger U-Bahn**, der heutigen Linie U 4. Von dort führte ein Gleis zur 1932 stillgelegten Werkstatt auf dem Gelände der heutigen Waldenburg-Oberschule.

⌂ Nr. **3–14, 29–40**: Wohnanlage von von Heinz Lassen (1928)

Elsastraße (1906–)

Länge 110 m. Im ↑ Wagnerviertel, benannt nach Elsa von Brabant, einer Frauenfigur aus Richard Wagners Oper *Lohengrin*. Der Zeichner und Illustrator **Walter Trier** wohnte von 1912 bis 1916 in der Elsastraße 2.

⌂ Nr. **5**: Mietshaus von Fritz Hensler (1909)

Eschenstraße (1905–)

Länge 150 m. Benannt nach der Erstbepflanzung mit Eschenbäumen.

⌂ Nr. **2, 6, 7**: Mietshäuser von Josef Becker (1905)

Evastraße (1906–)

Länge 100 m. Im ↑ Wagnerviertel, benannt nach Eva, einer Frauengestalt aus Richard Wagners Oper *Die Meistersinger von Nürnberg*. Die Straße wurde von der ↑ Mainauer Straße abgeteilt.

Friedhof Stubenrauchstraße

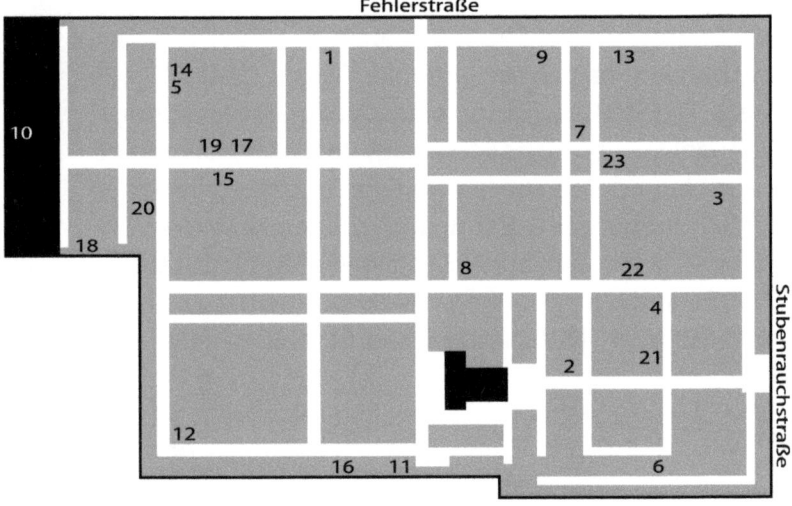

1 Ottomar Anschütz (1846–1907), Fotograf und Film-Pionier
2 Carl Bamberg (1847–1892), Mechaniker und Optiker
3 Christian Borngräber (1945–1992), Designtheoretiker und Architekturhistoriker
4 Ferruccio Busoni (1866–1924), Komponist und Musikpädagoge
5 Marlene Dietrich (1901–1992), Schauspielerin
6 Ulrich Gressieker (1945–1990), Schauspieler und Synchronsprecher
7 Johannes Homuth (1839–1922), Politiker, Gemeindeältester in Friedenau
8 Gerald Humel (1931–2005), Komponist
9 Paul Kunow (1848–1936), Architekt und Gemeindevorsteher von Friedenau
10 Jeanne Mammen (1890–1976), Malerin
11 Felix Meyer (1847–1914), Geiger und Königlicher Kammervirtuose
12 Lutz Moik (1930–2002), Schauspieler
13 Dinah Nelken (1900–1989), Autorin
14 Helmut Newton (1920–2004), Fotograf
15 Rudolf Noelte (1921–2002), Regisseur
16 Heinz Ohff (1922–2006), Autor
17 Oskar Pastior (1927–2006), Autor
18 Heinrich Richter-Berlin (1884–1981), Maler
19 Gerda Rotermund (1902–1982), Malerin
20 Werner Schröder (1907–1985), Direktor des Berliner Aquariums
21 Paul Schuster (1930–2004), Autor
22 Gerhard Taschner (1922–1976), Konzertmeister der Berliner Philharmoniker
23 Paul Zech (1881–1946), Autor

Fehlerstraße (1900–)

Länge 425 m. Benannt nach Adolf Fehler (1828–1903), Schöffe und stellvertretender Amts- und Gemeindevorsteher in Friedenau, sowie Vorsitzender des Friedenauer Männer-Turn-Vereins.

Die Straße liegt nördlich des ›Begräbnisplatz der Gemeinde Friedenau‹, dem heutigen ›III. Städtischer Friedhof Stubenrauchstraße‹. 1881 wurde der Friedhof auf dem damaligen ↑Hamburger Platz errichtet. Auf ihm fanden viele Künstler, so **Marlene Dietrich** und **Helmut Newton**, ihre letzte Ruhe. In der Fehlerstraße 8 hatte die **Bildgießerei Hermann Noack** bis zum Jahr 2009 ihren Sitz.

⊠ Nr. **1**: Mietshaus von Georg Karmann (1908) • Nr. **7**: Mietshaus von Hans Hoebke (1901) • Nr. **11**: Mietshaus von Bernhard Knoll (1928) • Ecke Laubacher Straße: Turngerätehaus von Hans Altmann (1913)

Turngerätehaus an der Ecke Fehlerstraße/Laubacher Straße kurz nach der Fertigstellung.

Feurigstraße (1885–1931)

Benannt nach dem Kommunalpolitiker Johann Feurig (1830–1890). Feurig war Amts- und Gemeindevorsteher von Schöneberg. Heute ↑Schnackenburgstraße.

Die Friedenauer Brücke ⇧ um 1900 (oben), 1910 und ⇩ heute.

Fregestraße (1884–)

Länge 835 m in Friedenau, 460 m in Steglitz. Benannt nach Ferdinand Ludwig Frege (1804–1883), Theologe, Historiker und zwischen 1846 und 1883 Pfarrer in Schöneberg.

Der spätere Bundespräsident **Theodor Heuss** wohnte mit seiner Frau Elly Heuss-Knapp von 1918 bis 1930 in der Fregestraße 80 und war Stadtverordneter von Schöneberg. Der Dichter und Schriftsteller **Hans Magnus Enzensberger** wohnte in der Fregestraße 19 und Propagandaminister **Joseph Goebbels** in der Nr. 76. Kurzzeitig lebte auch der Literaturhistoriker und Schriftsteller **Heinrich Spiero** (1876–1947) in der Fregestraße.

In der Fregestraße 12 befindet sich der Saal der **Heilsarmee** Berlin-Südwest.

◪ Nr. **7–7A**: Mietshaus von Wilhelm Tillack (1910) | ⊠ Nr. **20**

Friedenauer Brücke

Länge 76 m. Früher Saarstraßen-Brücke. Die erste Brücke über die **Wannseebahn** wurde nach langem Ringen 1898 eröffnet. Bis dahin war Friedenau vom heutigen ›Dürer-Kiez‹ – damals ›Neu-Friedenau‹ genannt – nur über weite Umwege erreichbar.

Die heutige Brücke, eine Stahlverbundkonstruktion, wurde 1968 zusammen mit der Westtangente errichtet und 2011 ertüchtigt. Die Westtangente war Teil einer Autobahn-Planung für das damalige West-Berlin, von der aber nur wenige Teilstücke errichtet wurden, nachdem es zu massiven Bürgerprotesten kam.

Bis 2010 gab es an der Brücke noch zwei 1985 geschlossene Zugänge zu Haltestellen einer Bus-Linie, die auf der Autobahn verkehrte. Um Fahrgäste von der S-Bahn abzuziehen, die bis 1984 von der Reichsbahn der DDR betrieben wurde, gab es mehrere solcher ›Boykott-Linien‹ entlang den Autobahnen.

⇧ *Blick über den Friedrich-Wilhelm-Platz 1955 vor der Umgestaltung.*
⇩ *Die Kirche ›Zum Guten Hirten‹ um 1910.* ⇩ *Plan von 1900.*

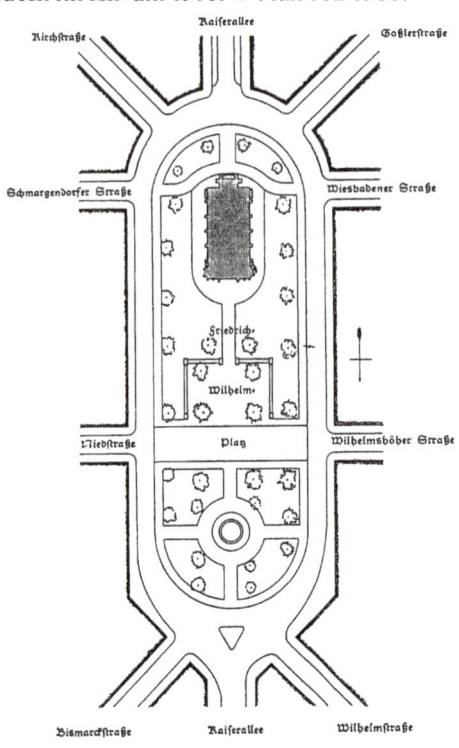

Friedenauer Straße

Vor 1910 der Name der heutigen ↑ Hauptstraße zwischen ↑ Innsbrucker Platz und ↑ Kaisereiche.

Friedrich-Wilhelm-Platz (1870–)

Größe 275 m x 85 m (ovale Form). Benannt nach Kronprinz Friedrich Wilhelm Nikolaus Karl von Preußen, dem späteren 99-Tage-Kaiser Friedrich III. (1831–1888). Der Platz bildet den Mittelpunkt der Friedenauer ↑ Carstenn-Figur.

Dominiert wird der Platz von der evangelischen **Kirche ›Zum Guten Hirten‹** des Architekten Carl Doflein. Die Kirche im neugotischen Stil wurde anlässlich des 410. Geburtstags Martin Luthers am 10. November 1893 von der Deutschen Kaiserin Auguste Viktoria eingeweiht.

Der Platz wurde bis in die 1960er Jahre beidseitig vom Verkehr und der Straßenbahn umfahren. Mit dem Bau der U-Bahn und des U-Bahnhofs ›Friedrich-Wilhelm-Platz‹ 1971 fand auch ein Platzumgestaltung statt, und seitdem fließt der Verkehr, jetzt ohne Straßenbahn, einseitig Richtung ↑ Schmiljanstraße am Platz vorbei.

⊡ Kirche ›Zum Guten Hirten‹ von Carl Doflein (1894) • **Nr. 8**: Landhaus Kunow von P. Kunow (1890) • **Nr. 9**: Mietshaus von R. Miethe (1893) • **Nr. 12**: Landhaus von Max Nagel (1884) • **Nr. 13**: Mietshaus von P. Fischer (1891) • **Nr. 14**: Mietshaus von Johannes Schuster (1911) | ⊠ **Nr. 6**

Fröaufstraße (1890–)

Länge 165 m. Benannt nach Wilhelm Fröauf (1814–1899), Geheimer Rechnungsrat an der Gewerbeakademie und Mitglied des Gemeindevorstands von Friedenau. Durch Teilung der Schillingstraße in Fröaufstraße und ↑ Hackerstraße entstand die heutige Straße.

⇧ *Die höhere Mädchenschule, das heutige Paul-Natorp-Gymnasium, in der Goßlerstraße kurz nach der Fertigstellung 1907.*
⇩ *Zeppelinaufnahme von Friedenau um 1910.*

Golzheimer Straße (1937–1945)
Benannt nach dem Düsseldorfer Stadtteil Golzheim.
Heute ↑ Görresstraße.

Görresstraße (1947–)

Länge 315 m. Benannt nach Josef
Görres (1776–1848), Schriftsteller und
Historiker. Früher ↑ Wilhelmstraße,
↑ Golzheimer Straße, ↑ Aufbaustraße. Zwischen 1967
und 1976 war in der Görresstraße 8 der **Buchhändler-
keller** als literarische Kultureinrichtung und Veranstal-
tungsort des Ortsteils Friedenau ansässig.
◺ Nr. **30**: Mietshaus (1905)

Goßlerstraße (1883–)

Länge 390 m. Benannt nach dem
königlich preußischen Staatsminister
Gustav von Goßler (1838–1902).
  Zwischen den Häusern Goßlerstraße 24 und 25 findet
sich ein Durchgang zum **Georg-Hermann-Garten**.
Diese parkänliche Anlage erinnert an den Schriftsteller
Georg Hermann (1871–1943), der in der ↑ Stubenrauch-
straße 5 lebte.
  ◺ Nr. **2**: Landhaus von Otto Hoffmann (1890) • Nr. **3**: Haus Dihm von
Ludwig Dihm (1889) • Nr. **8**: Mietshaus von Richard Draeger (1891) • Nr. **12**:
Landhaus von H. Klitscher (1902) • Nr. **13–15**: Königin-Luise-Lyzeum (Paul-
Natorp-Oberschule) von Hans Altmann (1912) • Nr. **24–25**: Mietshäuser von
Franz Steinbrucker und Anton Raubert (1909) | ☒ Nr. **9, 20, 21, 25**

Grazer Platz (1939–)

Größe 360 × 80 m. Platz an der Grenze
zum ›Dürerkiez‹ in Schöneberg, benannt nach Graz, der Landeshauptstadt
der Steiermark in Österreich.
  ◺ Nathanael-Kirche von Jürgen Kröger (1902) • Nr. **2**: Gemeindehaus
von Heinrich Seidel und Peter Jürgensen (1928)

⇧ Der Titania-Palast im Eröffnungsjahr 1928.

⇧ Das Foyer und der Haupteingang in den 1950er- Jahren.

⇦ Blick von der Schloßstraße mit Straßenbahnen um 1950.

Grenzstraße

Sowohl die ↑Lauterstraße (bis 1875) als auch die
↑Laubacher Straße (bis 1888) wurden ursprünglich als
Grenzstraße bezeichnet.

Grüner Weg (1880–1888)

↑Laubacher Straße

Gutsmuthsstraße (1910–)

Länge 350 m in Steglitz. Benannt nach
Johann Christoph Friedrich Gutsmuths
(1759–1839), Pädagoge und Mitbegrün-
der des Turnens.

An der Ecke zur Schloßstraße in der Gutsmuthsstraße
27–28 befindet sich der Eingang zum **Titania-Palast**,
einem Multiplex-Kino. An gleicher Stelle und unter glei-
chem Namen wurde hier 1928 eines der imposantesten
Kinos Berlins mit 1924 Sitzplätzen eröffnet, in dem
auch regelmäßig Theater-Aufführungen und Konzerte
stattfanden.

Da das Gebäude den 2. Weltkrieg relativ unbeschadet
überstanden hatte, wurde der Titania-Palast zur ersten Spielstätte der Berliner Philharmoniker nach dem
Krieg und 1951 fanden hier die ersten Internationalen
Filmfestspiele (Berlinale) statt. Nach der Schließung
des Kinos 1966 entging der Titania-Palast nur knapp
dem Abriss. Bis in die 1930er Jahre verlief die Grenze
zwischen Friedenau und Steglitz mitten durch den
Kino-Saal, bis die Gutsmuthsstraße dem Bezirk Steglitz
zugeschlagen wurde.

⌂ **Nr. 28**: Titania-Palast von Schöffler & Schönbach & Jacobi (1928)

Hackerstraße (1890–)

Länge 170 m in Friedenau, 200 m
in Steglitz. Benannt nach Johann
Carl Hacker (1811–1892), Geheimer

⇧ *Der Sintflutbrunnen vor seinem Umzug zum Perelsplatz.*
⇩ *Der Hamburger Platz mit Blick in den Südwestkorso in den 1910er-Jahren.*

Rechnungsrat im Kaiserlichen Kriegsministerium und Gemeindeältester von Friedenau. Durch Teilung der ↑Schillingstraße in ↑Fröaufstraße und Hackerstraße entstand die heutige Straße.

Hähnelstraße (1892–)

Länge 315 m. Benannt nach dem Unternehmer Hermann Hähnel (auch: Hänel, 1830–1894). Hähnel war Direktor des ›Landerwerb- und Bauvereins auf Actien‹, der die Landhauskolonie Friedenau anlegte. Seine Frau Hedwig Hähnel prägte als Erinnerung an den Frieden von Frankfurt, der den Deutsch-Französischen Krieg (1870–71) beendete, den Namen ›Friedenau‹.

In der Hähnelstraße 9 lebte von 1921–1924 der Schriftsteller **Kurt Hiller**, Präsident der Gruppe Revolutionärer Pazifisten.

⊠ Nr. **1**: Mietshaus von Emil Rösler (1892) • Nr. **7**: Mietshaus von Otto Jäckel (1910) • Nr. **8**: Mietshaus von Eugen Freier (1908) • Nr. **9, 12, 13**: Mietshäuser (1910) • Nr. **10**: Mietshaus von Max H. Grunwald (1908) • Nr. **14**: Mietshaus von Max Traeger (1911) • Nr. **15**: Mietshaus von Großkopf & Schulz (1911)

Hamburger Platz

Benannt nach der Hansestadt Hamburg. Der ehemalige Hamburger Platz an der ↑Stubenrauchstraße war das Pendant zum heutigen ↑Perelsplatz. Bereits 1881 wurde auf ihm der Gemeindefriedhof Friedenau angelegt. Mit der Anlage des ↑Südwestkorso 1909 entstand eine neue kleinere Platzsituation an der Ecke Stubenrauchstraße, die dann ebenfalls die inoffizielle Bezeichnung ›Hamburger Platz‹ erhielt und auch heute noch im Straßenbild zu erkennen ist.

Auf dem Platz stand von 1909 bis 1931 der von Paul Aichele entworfene **Sintflutbrunnen**, der später auf dem ↑Perelsplatz seinen derzeitigen Standort fand.

Am 25. Juli 1948 stürzte ein ›Rosinenbomber‹ in der Handjerystraße 2 ab.

Handjerystraße (1883–)

Länge 1120 m. Benannt nach dem Politiker Nicolaus von Handjery (1836–1900). Die Handjerystraße bildet zusammen mit der ↑ Stubenrauchstraße die für Friedenaus Straßenstruktur charakteristische U-Form, die in alten Plänen als ↑ Ringstraße und ↑ Promenade verzeichnet ist.

Während der Blockade streifte am 25. Juli 1948 ein ›**Rosinenbomber**‹ das Dach der Schule am ↑ Perelsplatz und stürzte dann in der Handjerystraße 2 ab, wobei das Haus schwer beschädigt wurde. Eine Gedenktafel am Haus erinnert an die beiden US-Piloten, die damals ums Leben kamen.

In der Handjerystraße 52 steht die nach einem Entwurf von Karl Gerhard Witte 1950 erbaute evangelisch-methodistische **Friedenskirche**.

Von 1912 bis in den 2. Weltkrieg heinein befanden sich die **Hohenzollern Lichtspiele** in der Handjerystraße 64. Ein zweiter Eingang des über 600 Plätze verfügenden Kinos war an der ↑ Rheinstraße 21.

⌂ Nr. **18**: Landhaus von Max Nagel (1885) • Nr. **21**: Landhaus von Max Nagel (1886) • Nr. **22**: Mietshaus von A. Müller (1888) • Nr. **24**: Mietshaus von Fr. Schulz-Heikenkopf (1911) • Nr. **33–36**: Postamt von Ludwig Meyer und Robert Gaedicke (1920/35) • Nr. **38**: Mietshaus von E. Kreuschmer (1911) • Nr. **42–43**: Mietshaus von Klitscher & Afdring (1908) • Nr. **44–45**: Verwaltungsgebäude von Robert Schöffler (1958) • Nr. **47**: Landhaus von Max Nagel (1887) • Nr. **65**: Mietshaus von James Ruhemann (1893) • Nr. **70**: Landhaus von H. Franzke (1887) • Nr. **71**: Mietshaus von H. Franzke (1888/92) • Nr. **72**: Mietshaus von James Ruhemann (1896) • Nr. **82–83**: Mietshaus von Eduard Götze (1889) • Nr. **87–88**: Thiele-Winkler-Haus von Max Nagel (1886) • Nr. **89**: Mietshaus von G. Luedecke • Nr. **98–99**: Kleingleichrichterwerk auf dem Güterbahnhof Wilmersdorf von Richard Brademann (1928)

☒ Nr. **1, 2, 3, 20A, 29, 37, 50, 63, 81, 86**

⇧ *Das Rathaus Friedenau und der Roxy-Palast an der Hauptstraße 1960.*

⇨ *Der Roxy-Palast von Martin Punitzer in den 1930er-Jahre. Gut zu erkennen ist die ursprüngliche Lichtgestaltung.* ⇧ *Beim Wiederaufbau 1951 enstand ein vollkommen andere Eingangssituation für das Kino, die erst 1987 in den Originalzustand zurück versetzt wurde.*

Hauffstraße (–1926)
↑ Wilhelm-Hauff-Straße

Hauptstraße (1908–)

Länge 825 m in Friedenau, 2000 m in Schöneberg. Benannt nach der Schöneberger Hauptstraße, deren Verlängerung sie bildet. Die Gebiete östlich der ↑ Lauterstraße gehörten Anfang des 20. Jahrhunderts noch zu Schöneberg. Die Straße war Teil der Reichsstraße Nr. 1 und später der Bundesstraße 1, und hieß seinerzeit ↑ Potsdamer Straße bzw. ↑ Friedenauer Straße. Am ↑ Breslauer Platz liegt das in den Jahren 1913 bis 1916 erbaute **Rathaus Friedenau.**

In der Hauptstraße 78–79 befindet sich der Stahlskelettbau des 1929 eröffneten **Roxy-Palast**. Das Büro- und Geschäftshaus mit angeschlossenem Lichtspieltheater gilt als Hauptwerk der Neuen Sachlichkeit des Architekten Martin Punitzer. Das im Zweiten Weltkrieg teilweise zerstörte Gebäude wurde 1951 wieder aufgebaut und 1987 die ursprüngliche Fassadengestaltung mit den Filmstreifen symbolisierenden Fenstern wieder hergestellt. Nach der Schließung des Kinos diente der Saal zwischen 1975 und 1979 als Veranstaltungsstätte für Konzerte. Im Roxy-Palast ereignete sich in der Nacht vom 4. auf den 5. April 1986 ein Bombenanschlag auf die seinerzeit dort befindliche **Diskothek ›La Belle‹**, bei dem drei Menschen ums Leben kamen und der weltweit Aufsehen erregte.

◩ Nr. **1**: Rathaus Friedenau von Hans Altmann (1917) • Nr. **70**: Mietshaus von Max H. Grunwald (1908) • Nr. **71, 72, 73, 74**: Mietshäuser von Paul Reinhardt (1909) • Nr. **76**: Mietshaus von Paul Meyer (1908) • Nr. **77** Mietshaus von Franz Fedler (1902) • Nr. **78–79**: Kino Roxy-Palast von Martin Punitzer (1929) • Nr. **92–93**: Wohn- und Geschäftshaus von Hans Schoszberger (1958).

Die Gebäude der Optischen Anstalt C. P. Goerz zwischen Rhein- und Holsteinische Straße. ⇧ Der Produktionflügel 1905, der heute von dem 1915 fertiggestellten Verwaltungsgebäude an der Rheinstraße verdeckt ist. ⇩ In der Mitte des Luftbildes von 1955 der beeindruckende Stahlskelettturm für die Erprobung optischer Geräte.

Hedwigstraße (1884–)

Länge 130 m in Friedenau, 170 m in Schöneberg. Benannt nach Hedwig Neumann, Tochter des Schöneberger Pfarrers Ferdinand Ludwig Frege, nach dem die ↑Frege-straße benannt ist.

In der Hedwigstraße 15 befindet sich die sunnitische **Valide-i-Sultan Moschee.**

⌂ Nr. **8**: Landhaus von Heinrich Franzke (1888) • Nr. **18–19**: Landhaus Karig, Wohn- und Geschäftshaus mit Stall von Max Nagel (1886).

Hertelstraße (1900–)

Länge 250 m. Benannt nach Albert August Robert Hertel (1824–1886), Schatzmeister im Gemeinderat von Friedenau, als ehemaliger Teil der ↑Blankenbergstraße.

⌂ Nr. **2**: Mietshaus mit Vorgarteneinfriedung von Max Heinrich (1908)
☒ Nr. **8**

Holsteinische Straße (1896–)

Länge 270 m in Friedenau, 500 m in Steglitz. Benannt nach der norddeut-sche Region Holstein. Hier findet sich der Zugang zum Hof der **Optischen Anstalt C. P. Goerz.**

⌂ Nr. **39–42**: Optische Anstalt C. P. Goerz mit Wohnhaus und Fabrik-gebäude von Waldemar Wendt und Paul Egeling (1898) / Erweiterung des Fabrikgebäudes, südlicher Seitenflügel und Kraftwerk (1901) / Nördlicher Seitenflügel und Quergebäude von Emil Schmidt (1908) / Verwaltungs-gebäude, Werkstattanbau und Stahlskelett-Turmbau mit Terrasse und Kranausleger von P. Mitternacht & Albert Paeseler (1913–15) | ☒ Nr. **34**

Homuthstraße (1906–)

Länge 145 m. Benannt nach dem Kommunalpolitiker und Ehrenbürger von Friedenau Johannes Homuth (1839–1922).

⇧ *U-Bahn Baustelle am Innsbrucker Platz (1909) und* ⇩ *fertiggestellter Bahnhof.*

Verkehrsebenen am Innsbrucker Platz.

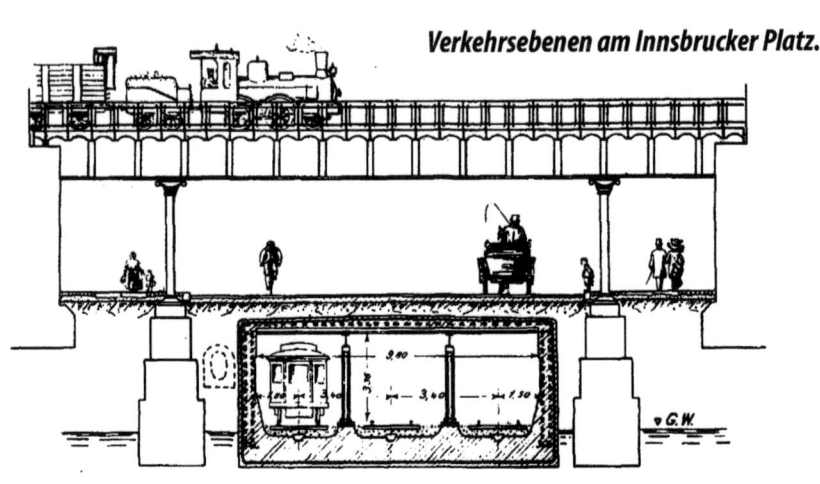

Illstraße (1875–)

Länge 85 m. Benannt nach der Ill, einem Nebenfluss des Rheins. Früher Kastanienstraße.

Die Illstraße verband früher die ↑ Holsteinische Straße mit der ↑ Kaisereiche; sie ist heute von der Kaisereiche aus eine Sackgasse. In der Illstraße 4–6 befindet sich die Fläming-Grundschule.

☒ Nr. **14**: Mietshaus (1905) | ☒ Nr. **2**

Innsbrucker Platz (1927–)

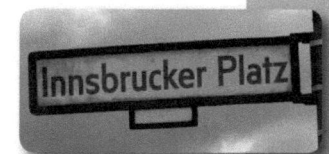

Durchmesser 90 m. Benannt nach Innsbruck, Landeshauptstadt von Tirol (Österreich). Ein Teil des Platzes gehört zu Schöneberg. Am Platz endet die 1910 eröffnete **Schöneberger U-Bahn**, die heutige U 4. Anfangs unabhängig vom übrigen Berliner U-Bahn-Netz betrieben befand sich bis 1932 in der ↑ Eisackstraße eine Betriebs-Werkstatt.

☒ U-Bahnhof Innsbrucker Platz • Nr. **4**: Wohnanlage von Paul Mebes und Paul Emmerich (1928)

Isoldestraße (1906–)

Länge 150 m. Im ↑ Wagnerviertel, benannt nach Isolde, Königin von Cornwallis, Figur aus Richard Wagners Oper *Tristan und Isolde*. In der Isoldestraße 9 befindet sich der 1986 eingeweihte **Friedenauer Kammermusiksaal**, in dem regelmäßig Konzerte mit historischen Musikinstrumenten stattfinden.

☒ Nr. **2**: Mietshaus von Ladislaus Nowak (1907) • Nr. **9**: Mietshaus mit Vorgarteneinfriedung von Ladislaus Nowak (1907)

Jänischallee (1937–1947)

Benannt nach Erwin Jänisch, NSDAP-Mitglied. Heute ↑ Sarrazinstraße.

⇧ *Die Rheinstraße mit der Kaisereiche um 1900.*

⇧ *Die Kaisereiche um 1900.* ⇩ *Die Kaiserallee um 1910.*

Kaiserallee (1888–1950)

Wenige Tage nach seinem Tod nach Wilhelm I. (1797–1888), deutscher Kaiser und König von Preußen, benannt. Heute ↑ Bundesallee.

Kaisereiche

Platzdurchmesser 70 m. Die Kaisereiche wurde zu Ehren des deutschen Kaisers Wilhelm I. anlässlich der Goldenen Hochzeit mit seiner Frau Augusta sowie seines 82. Geburtstags am 22.3.1879 gepflanzt. Bereits vier Jahre später musste die junge Pflanze ersetzt werden, da die erste Eiche aus Protest gegen Bismarcks Sozialistengesetze beschädigt wurde.

Ursprünglich wurde der Platz als ›Rondell‹ bezeichnet, aber mit der Zeit bürgerte sich der Name ›Kaisereiche‹ ein, obwohl dieser bis heute nicht im offiziellen Straßenverzeichniss des Bezirksamts auftaucht. Dafür wird die Bushaltestelle in unmittelbarer Nähe so genannt und auch der hier mal geplante U-Bahnhof sollte so heißen.

Kaiserstraße (1874–1888)

Benannt nach Wilhelm I. (1797–1888), deutscher Kaiser, König von Preußen. Heute ↑ Bundesallee.

Kasseler Straße (1890–1902)

Benannt nach der hessischen Stadt Kassel. Die Kasseler Straße wurde 1890 von der ↑ Schmargendorfer Straße abgetrennt und heißt heute ↑ Wiesbadener Straße.

Kastanienstraße (–1875)

↑ Illstraße

Kirchstraße (1890–1962)

Benannt nach der Kirche ›Zum Guten Hirten‹ auf dem ↑ Friedrich-Wilhelm-Platz. Heute ↑ Schmiljanstraße.

Blick von der Bundesallee in die Kundrystraße ⇧ 1920 und ⇩ 2010.

Knausstraße (1892–)

Länge 170 m in Schöneberg. Straße an
der Grenze zum ›Dürerkiez‹, benannt
nach dem Maler Ludwig Knaus (1829–
1910). Die Straße verbindet die ↑Friedenauer Brücke mit
der ↑Thorwaldsenstraße.

Kreisauer Straße (1910–)

Länge 75 m und damit die kürzeste
Straße Friedenaus. Benannt nach dem
niederschlesischen Dorf Kreisau (heute
Krzyzowa). Der preußische Generalfeldmarschall Graf
von Moltke erwarb das Gut ›Creisau‹ als Alterssitz.

Kreuznacher Straße (1903–)

Länge 95 m in Friedenau. Benannt
nach Bad Kreuznach, Stadt an der
Nahe. Teile der Straße liegen in Steglitz
und Wilmersdorf.

Kundrystraße (1906–)

Länge 100 m. Im ↑Wagnerviertel,
benannt nach Kundry, einer Gestalt aus
Richard Wagners Oper *Parsifal*.

An der Ecke zur ↑Bundesallee wurde 1931 die Buchhandlung ›**Wolff's Bücherei**‹ und 1963 der Verlag
Friedenauer Presse von Andreas Wolff gründet. Wolff
baute zusammen mit Peter Suhrkamp den Suhrkamp
Verlag auf. In den Räumen befindet sich seit 2009 die
Buchhandlung ›Der Zauberberg‹.

In der Kundrystraße 1 hatte in den 1980er Jahren der
Computerclub ›Maus‹ seinen Sitz. Von hier fand ein Teil
der Einbrüche in verschiedene westliche Computersysteme statt, die dann als ›**KGB-Hack**‹ bekannt und 1998
unter dem *Titel 23 – Nichts ist so wie es scheint* verfilmt
wurden.

⇧ *Die heutige Ruppin-Grundschule von Hans Altman in der Laubacher Straße an der Ecke zur Offenbacher Straße kurz nach der Fertigstellung 1914. Sie diente zunächst als Notlazaret, bevor sie 1919 als 3. Gemeindeschule Friedenau eröffnet werden konnte. Links im Bild die ebenfalls von Altmann entworfene Urnenhalle des III. Städtischer Friedhof Stubenrauchstraße.*

⇩ *Lauterstraße Ecke Schmargendorfer Straße um 1900.*

Laubacher Straße (1888–)

Länge 1120 m. Benannt nach der hessischen Stadt Laubach. Früher ↑Steglitzer Weg, ↑Grüner Weg, mitunter auch ↑Grenzstraße. Die Straße bildet die Grenze zwischen den Ortsteilen Wilmersdorf und Friedenau, die Fahrbahn gehört zu Wilmersdorf.

◳ Nr. **15**: Mietshaus von Franz Hebold (1910) • Nr. **22–27**: 3. Gemeindeschule Friedenau mit Turngerätehaus von Hans Altmann (1913)

☒ Nr. **28**

Lauterplatz (1875–1964)

↑Breslauer Platz

Lauterstraße (1875–)

Länge 570 m. Benannt nach der Lauter, einem Nebenfluss des Rheins. Die Grundstücksgrenze der östlichen Straßenseite bildete früher auch die Grenze zu Schöneberg, daher die alte Bezeichnung ↑Grenzstraße.

In der Lauterstraße 20 an der Rückseite des Rathaus Friedenau sind noch die Tore der alten Friedenauer Feuerwache zu erkennen.

◳ Nr. **14–15**: Mietshaus von A. Schneider (1902) • Nr. **33**: Mietshaus von A. Handke (1886) • Nr. **37**: Mietshaus von Emil Rösler (1892).

Lefèvrestraße (1905–)

Länge 545 m. Benannt nach Robert Lefèvre (1843–1905), Geheimer Kanzleirat und Kommunalpolitiker. Lefèvre gehörte dem Friedenauer Gemeindevorstand an und war Gründer des Kirchenbauvereins, dem die Kirche ›Zum Guten Hirten‹ auf dem ↑Friedrich-Wilhelm-Platz zu verdanken ist.

◳ Nr. **9**: Mietshaus von F. A. Domscheit (1910) • Nr. **24**: Mietshaus von Emil Gericke (1908).

⇧ *Zwei Fotos des Maybachplatz um 1910.* ⇩ *Platz-Plan um 1930.*

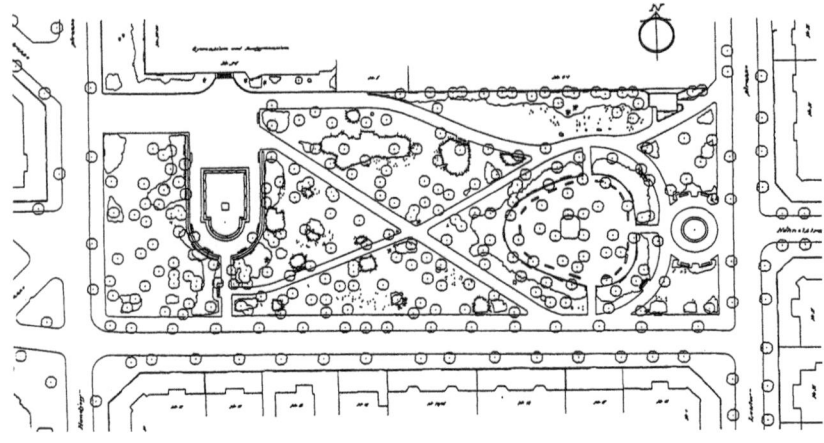

Lepsiusstraße (1934–)

Benannt nach dem Ägyptologen Karl Richard Lepsius (1810–1884). Ein kleines Stück der Steglitzer Lepsiusstraße gehörte bis in die 1930er Jahre zu Friedenau, damals noch unter dem Namen Jahnstraße.

Liane-Berkowitz-Platz (2000–)

Größe 70 m × 50 m (Dreiecksform). Benannt am nach der Widerstandskämpferin Liane Berkowitz (1923–1943).

◪ Kioskhäuschen von Hans Altmann (1920)

Mainauer Straße (1895–)

Länge 200 m. Benannt nach der Bodensee-Insel Mainau. Mit der Fertigstellung des ↑Wagnerviertels wurde 1906 der östliche Abschnitt der Mainauer Straße in ↑Sentastraße und ↑Evastraße umbenannt. In der Mainauer Straße 2 befand sich ab 1913 ein Sanatorium und die 1987 geschlossene ›**Rheingau-Klinik**‹.

◪ **Nr. 1**: Mietshaus von Franz Seek (1908) • **Nr. 2**: ehem. Villa sowie Mietshaus und Rheingau-Klinik von Carl Dittmar (1890) • **Nr. 7**: Mietshaus (1905) • **Nr. 8**: Mietshaus von Leberecht Thon (1909) • **Nr. 9**: Mietshaus von Heinrich Manglus (1909)

Maßmannstraße (1910–)

Benannt nach dem Germanisten und Sportpädagogen Hans Ferdinand Maßmann (1797–1874). Ein kleines Stück der Steglitzer Maßmannstraße gehörte bis in die 1930er Jahre zu Friedenau.

Maybachplatz (1884–1961)

Benannt nach dem preußischen Handelsminister und Minister für öffentliche Arbeiten Albert von Maybach. Heute ↑Perelsplatz.

⇧ *Ein Blick um 1900 über die Wannseebahn nach Neu-Friedenau auf die Rembrandtstraße und in die Menzelstraße.*
⇩ *Mosel- und Saarstraße an der Kaisereiche um 1900.*

⇩ *Die Moselstraße um 1900.*

Menzelstraße (1892–)

Länge 390 m in Schöneberg. Straße im ›Dürerkiez‹, benannt nach dem Maler Adolph von Menzel (1815–1905). Hier wohnt die Literaturnobelpreisträgerin **Herta Müller**.

◩ Nr. **1**: Mietshaus von Schmedes (1894) • Nr. **2, 3**: Mietshäuser von Rudolf Schroeder (1892/94) • Nr. **29, 30**: Mietshaus von Richard Draeger (1896/97)

Moselstraße (1875–)

Länge 145 m. Benannt nach dem Fluss Mosel. Die Moselstraße endet als Sackgasse an der ↑ Kaisereiche.

◩ Nr. **1–2**: Mietshaus von Otto Hausherr (1904) • Nr. **5**: Mietshaus, ehem. Roenneberg-Schule E. Kreuschmer (1898) und Vorgarten • Nr. **7-8**: Mietshaus von Oskar Haustein (1896) • Nr. **12**: Mietshaus (1877) • Nr. **13**: Mietshaus von James Ruhemann (1896) | ☒ Nr. **4, 5, 9**

Niedstraße (1875–)

Länge 415 m. Benannt nach der Nied, einem Nebenfluss der Saar. Weil sich in dieser Straße viele Schriftsteller und Literaten niedergelassen hatten, wird die Straße als ›Literaturmeile‹ bezeichnet. So wohnte Literaturnobelpreisträger **Günter Grass** in der Niedstraße 13, der Maler **Karl Schmidt-Rottluff** und der Schriftsteller **Uwe Johnson** lebten und wirkten in der Niedstraße 14. Die **Kommune I** um **Fritz Teufel**, **Dieter Kunzelmann** und **Rainer Langhans** entstand am 1. Januar 1967 durch die Besetzung der Wohnung von Uwe Johnson. Bei seiner Sekretärin Elfriede Mechnig in der Niedstraße 5 wohnte **Erich Kästner** und schrieb hier u. a. an dem Drehbuch zum Film *Münchhausen* mit Hans Albers. Der Philologe **Max Halbe** lebte in der Nr. 10 und der Dramaturg **Günther Weisenborn** im Haus Nr. 25.

⇧ **Die Keimzelle von Loewe-Opta in der Niedstraße 5. In dem 1934 abgebrochenen Gebäude gründeten die Gebrüder Siegmund und David Loewe 1923 die Radiofrequenz GmbH.**
⇩ **Die Odenwald- Ecke Bornstraße in den 1930 Jahren.**

Die **Loewe-Opta AG** hat ihre Wurzeln in der Niedstraße 5. Das hier 1923 als Radiofrequenz GmbH gegründete Unternehmen war führend bei der Entwicklung von Elektronen-Röhren.

In der ↑ Albestraße 21 und der Niedstraße 19 befand sich ab 1872 die **Optische Werkstätte Paul Wächter**, deren Trichinenmikroskope zur Verwendung in Schlachthöfen weltweit verkauft wurden.

⊠ Nr. **1–2**: Rathaus Friedenau von Hans Altmann (1917) • Nr. **4**: Mietshaus von R. Lange (1899) • Nr. **5**: Mietshaus mit Tiefgarage von Hermann Mohr (1935) • Nr. **10-11**: Mietshaus von Eduard Götze (1889) • Nr. **13, 17**: Landhäuser von Max Nagel (1882/84) • Nr. **18**: Landhaus von Max Nagel und Oskar Haustein (1885/98) • Nr. **20**: Landhaus von Robert Hoffmann (1886) • Nr. **22**: Mietshaus von Johannes Schuster (1911) • Nr. **24**: Landhaus von Max Nagel und von F. Krüger (1889/1905) • Nr. **30**: Landhaus mit Remise von J. Mehmel (1882) • Nr. **32**: Mietshaus von Ewald Götze (1890) • Nr. **36**: Vorgarten (1903) • Nr. **39**: Mietshaus von Max Nagel (1889) • Nr. **40-41**: Mietshaus von A. Schneider (1902)

Odenwaldstraße (1890–)

Länge 440 m. Benannt um nach dem hessischen Mittelgebirge Odenwald. Kurzzeitig lebte der Literaturhistoriker und Schriftsteller **Heinrich Spiero** (1876–1947) in der Odenwaldstraße.

Offenbacher Straße (1909–)

Länge 240 m in Friedenau, 310 m in Wilmersdorf. Benannt nach der hessischen Stadt Offenbach am Main. Früher auch ›Am Friedhof‹.

Der Maler **Max Pechstein** wohnte in der Hausnummer 8 im Wilmersdorfer Abschnitt der Offenbacher Straße.

⊠ Nr. **5 A**: III. Gemeindeschule Friedenau von Hans Altmann (1913) • Nr. **30**: Mietshaus von Max Traeger (1910)

⇧ *Blick über die Bundesallee auf die Ortrudstraße 1910.*
⇩ *Der gleiche Blick gut 100 Jahre später. Die Neubauten rechts entstanden in den 1980er Jahren um eine der letzten kriegsbedingten Baulücken in Friedenau zu schließen*

Ortrudstraße (1906–)

Länge 125 m. Im ↑Wagnerviertel, benannt nach Ortrud, einer Figur aus Richard Wagners romantischer Oper *Lohengrin*. ⌂ **Nr. 4**: Mietshaus von Fritz Hensler (1909) | ⌧ **Nr. 7**

Otzenstraße (1927–)

Länge 260 m in Schöneberg. Benannt nach dem Architekten Johannes Otzen (1839–1911), der die städtebauliche Gesamtplanung der Landhauskolonie Friedenau ausführte.
⌂ **Nr. 1–15**: Wohnanlage von Paul Mebes & Paul Emmerich (1928)

Parallelstraße (1873–1895)

↑Rheingaustraße

Perelsplatz (1961–)

Größe 170 m × 70 m. Die parkähnliche Anlage wurde nach Friedrich Justus Perels (1910–1945), Justitiar der Bekennenden Kirche, benannt, der in den 1920er Jahren am Platz zur Schule ging. Urspünglich ↑Berliner Platz, dann ↑Maybachplatz, früher umgangssprachlich auch ›Birkenwäldchen‹.

Am Parkzugang an der ↑Lauterstraße steht seit 1932 der von Paul Aichele entworfene Sintflutbrunnen, der vorher auf dem ehemaligen ↑Hamburger Platz am ↑Südwestkorso seinen Standort hatte.

Am westlichen Parkzugang befindet sich die Friedrich-Bergius-Oberschule (ehemaliges Friedenauer Gymnasium). Am nördlichen Rand der Parkanlage steht ein denkmalgeschütztes Fachwerkhäuschen von Hans Altmann, das 1909 als Bedürfnisanstalt errichtet und später zu einem Parkbistro umgestaltet wurde.
⌂ Der Park ist ein Gartendenkmal, das auch den Sintflutbrunnen und ein Kriegerdenkmal mit einschließt • Bedürfnisanstalt von Hans Altmann

Auf der Ostseite des Perelsplatz steht seit 1932 der 4,20 Meter hohe Sintflut-brunnen. Er gilt als Paul Aicheles Hauptwerk und war im deutschen Pavillon der Pariser Weltausstellung 1896 zu sehen. 1909 wurde er auf dem damaligen Hamburger Platz am Südwestkorso in Höhe der Offenbacher Straße errichtet.

(1909) • Nr. **1–9**: Friedrich-Bergius-Schule von Paul Engelmann und Erich Blunck (1902) und Schuldirektorenwohnhaus von Johannes Duntz (1906) • Nr. **12**: Landhaus (1886) von Max Nagel (1886) • Nr. **13**: Landhaus, (1888) von H. Franzke (1888) • Nr. **14–15**: Hofstruktur mit Gartenteil (1894) von Carl Sack (1894) • Nr. **16**: Mietshaus und Garten von Carl Sack (1893/94) • Nr. **17**: Mietshaus (1890) von H. Pählchen (1890)

Peschkestraße (1902–)

Länge 100 m in Friedenau, 80 m in Steglitz. Benannt nach Karl Hermann Peschke (1838–1912), Kommunalpolitiker und von 1892 bis 1901 Gemeindevertreter in Steglitz.

Peter-Vischer-Straße (1892–)

Länge 620 m in Schöneberg. Straße im ›Dürerkiez‹, benannt nach dem Bildhauer und Erzgießer Peter Vischer der Ältere (1455–1529).

⌂ Nr. **3**: Mietshaus von J. Paesler (1902) | ☒ Nr. **14**

Potsdamer Straße (–1875)

Eigentlich ›Provinzialchaussee Berlin–Potsdam‹, der direkten Verbindung der Residenzstädte Berlin und Potsdam. Die Straße war Teil der Reichsstraße Nr. 1 und später der Bundesstraße 1. Auf Friedenauer Gebiet heißt die Straße heute ↑Hauptstraße und ↑Rheinstraße.

Promenade (1876–1883)

Der Planungs-Name des ›U‹ in der Friedenauer ↑Carstenn-Figur, davor ↑Ringstraße. Aus den Abschnitten I–III wurde die ↑Handjerystraße und aus den Abschnitten IV–VI die ↑Stubenrauchstraße.

Querstraße 1–3 (1872–1875)

Provisorische Straßenbezeichnungen für die heutige ↑Schnackenburgstraße, ↑Albestraße und ↑Niedstraße.

⇧ *Die Bronzeplastik ›Grasendes Fohlen‹ von Renée Sintenis.*

⇩ *Die Retzdorffpromenade um 1910.*

Reichsstraße Nr. 1
↑ Potsdamer Straße

Rembrandtstraße (1892–)

Länge 60 m in Schöneberg. Straße im ›Dürerkiez‹, benannt nach dem niederländischer Maler Rembrandt van Rijn (1606–1669).

△ Nr. **8**: Mietshaus von Schmedes (1894).

Renée-Sintenis-Platz (1967–)

Durchmesser 70 m. Benannt nach der Bildhauerin Renée Sintenis (1888–1965), die u. a. den Berlinale Bär, der alljährlich bei den Internationalen Filmfestspielen verliehen wird, schuf. Früher ↑ Schmargendorfer Platz bzw. ↑ Wilmersdorfer Platz. Die heutige Platzgestaltung erfolgte 1955 durch Karl Tümler. Auf dem Platz steht die 1929 geschaffene Bronzeplastik ›Grasendes Fohlen‹ von Renée Sintenis. Am Platz befindet sich das imposante Gebäude des ehemaligen ›Kaiserlichen Postamtes I. Klasse‹. Ursprünglich war geplant, das Rathaus Friedenau hier zu errichten.

△ Stadtplatz von Karl Tümler und Bronzeplastik ›Grasendes Fohlen‹ von Renée Sintenis • Postamt von Ludwig Meyer (1920) & Robert Gaedicke (1935)

Retzdorffpromenade (1910–)
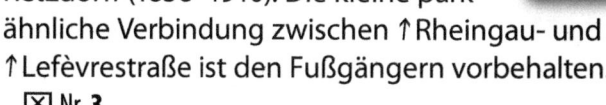
Länge 90 m. Benannt nach dem Friedenauer Gemeindevertreter Willy Retzdorff (1856–1910). Die kleine parkähnliche Verbindung zwischen ↑ Rheingau- und ↑ Lefèvrestraße ist den Fußgängern vorbehalten.

☒ Nr. **3**

Rheineck
↑ Walther-Schreiber-Platz

⇧ *Das Elektrizitätswerk Friedenau an der Kreuznacher Straße Ecke Rheingaustraße um 1910.*

⇩ *Hotel ›Rheinschloß‹ an der Rheinstraße 60 um 1910.*

BIOPHON-THEATER
Friedenau, Rheinstrasse 14

Aeltestes, bedeutend vergrössertes und aufs beste ventiliertes Kinematographen-Theater am hiesigen Platze.

Stets wechselndes Programm.   Täglich 2 grosse Schlager.
Grosse Revue der neuesten Ereignisse aus aller Welt.
Anfang Sonntag Nachmittags 4 Uhr.   Wochentags 6 Uhr.

Billige Eintrittspreise.

Rheingaustraße (1895–)

Länge 680 m. Benannt nach dem Rheingau, einer Region in Hessen. Früher Parallelstraße. In der Rheingaustraße 30 befand sich Anfang des 20. Jahrhunderts das örtliche Elektrizitätswerk und in der Nummer 8 wohnte der Lyriker **Rainer Maria Rilke** (1875–1926).

⌂ **Nr. 15:** Mietshaus von Walter Neitzke (1911) • **Nr. 19:** Mietshaus von Heinrich Möller (1910) • **Nr. 22:** Mietshaus von Schüler & Montag (1911).

Rheinstraße (1875–)

Länge 985 m. Der Friedenauer Teil der Provinzialchaussee Berlin-Potsdam (↑Potsdamer Straße) wurde bei der Gründung der Landhauskolonie nach dem Fluss Rhein benannt. Sie war Teil der Reichsstraße Nr. 1 und später der Bundesstraße 1.

Das erste deutsche Reformkinematographentheater wurde 1907 in der Rheinstraße 65 eröffnet, das spätere, 1969 geschlossene **Kronen Filmtheater.** Ein ›**Biophon-Theater**‹, bei dem Stummfilme mit einem Grammophon untermahlt wurden, war in der Rheinstraße 14 von 1909 bis 1932 in Betrieb.

In der Rheinstraße 60 befand sich das um 1890 erbaute **Hotel und Restaurant** ›**Rheinschloß**‹, in dessen Saal 1912 die ›**Rheinschloß-Lichtspiele**‹ eröffnet wurden. Das Kino wurde 1974 geschlossen, danach zog hier ein Supermarkt ein. 2014 wurde der alte Hotelsaal aufwändig saniert und kann bei einem Einkauf in dem jetzt hier ansässigen Bio-Markt besichtigt werden.

Gleich nebenan in der Rheinstraße 59 befindet sich seit 1874 das traditionsreiche Geschäft von **Juwelier Lorenz.** In das Juweliergeschäft ist die öffentlich zugängliche Privatsammlung des **Berliner Uhrenmuseums** integriert, die einen Überblick über die Geschichte der Zeitmessung bietet.

⇧ ⇩ *Die Rheinstraße um 1910.*

Seit 1886 war in der Rheinstraße 45/46 der ehemals größte Industriebetrieb von Friedenau, die ›**Optische Anstalt C. P. Goerz**‹ ansässig. Hier wurden Fotoapparate, Objektive und Fernrohre gefertigt. Die Backsteingebäude entstanden im Stil der nachempfundenen Renaissance und Gotik in mehreren Bauabschnitten. 1915 wurde über dem alten Fabrik-Erweiterungsbau ein 31 Meter hoher Stahlskelett-Turmbau für die Erprobung von Fernrohren und Entfernungsmessern errichtet. Die eindrucksvollste Konstruktion mit ihrem verglasten Stahlskelett, dem Kranausleger und der auskragenden Terrasse ist am Besten vom Zugang in der ↑Holsteinische Straße 39–42 zu besichtigen.

⌂ Nr. **9**: Badeanstalt der Allgemeinen Ortskrankenkasse Berlin Schöneberg (Anbau am Seitenflügel des Mietshauses) von Hans Altmann (1925) • Nr. **10**: Mietshaus von Emil Rösler (1896) • Nr. **11**: Mietshaus mit Innenhof von Emil Rösler (1896) • Nr. **17, 18, 19**: Mietshäuser von H. Pählchen (1891–94) • Nr. **20**: Mietshaus (1890) • Nr. **34**: Mietshaus von Theodor Thöns (1905) • Nr. **39–39A**: Konfektionshaus Ebbinghaus von Hans Schaefers (1962) • Nr. **44–46**: Optische Anstalt C. P. Goerz mit Wohnhaus und Fabrikgebäude von Waldemar Wendt und Paul Egeling (1898) / Erweiterung des Fabrikgebäudes, südlicher Seitenflügel und Kraftwerk (1901) / Nördlicher Seitenflügel und Quergebäude von Emil Schmidt (1908) / Verwaltungsgebäude, Werkstattanbau und Stahlskelett-Turmbau mit Terrasse und Kranausleger von P. Mitternacht & Albert Paeseler (1913–15) • Nr. **50**: Mietshaus von Otto Berheine (1901) • Nr. **55**: Mietshaus von James Ruhemann (1896) • Nr. **66**: Landhaus Karig, Wohn- und Geschäftshaus mit Stall von Max Nagel (1886)

⇧ Die Roenneberg-
straße an der Ecke
Handjerystraße
um 1900.

⇨ Das ›Atom-
Hochhaus‹ in der
Hauptstraße an
der Ecke zur Ru-
bensstraße 1955.

Ringstraße

Bis 1962 der Name der heutigen ↑Dickhardtstraße und bis 1892 der Name der heutigen ↑Roennebergstraße. Der runde Abschnitt der Friedenauer ↑Carstenn-Figur wurde bis 1876 ebenfalls Ringstraße genannt, wurde dann zur ↑Promenade und bildet die heutigen Süd-Enden der ↑Handjerystraße und der ↑Stubenrauchstraße.

Roennebergstraße (1892–)

Länge 200 m. Benannt nach dem Friedenauer Gemeindevorsteher Georg Roenneberg (1834–1895), davor Neue Straße und ↑Ringstraße.

◻ Nr. **4**: Mietshaus von James Ruhemann (1902) • Nr. **5/5A**: Mietshäuser (1895) • Nr. **6**: Mietshaus von F. Wernitz (1896) • Nr. **12**: Mietshaus von Adolf Förster (1896) • Nr. **13**: Mietshaus (1900) • Nr. **14**: Mietshaus von James Ruhemann (1897) • Nr. **15**: Mietshaus von Richard Draeger (1902) • Nr. **16**: Mietshaus von Eckert & Danneberg (1902)

Rondell

↑Kaisereiche

Rotdornstraße (1906–)

Länge 125 m. Benannt nach der Erstbepflanzung mit Rotdornsträuchern.

◻ Nr. **1, 4**: Mietshäuser von Paul Schröder (1905)

Rubensstraße (1897–)

Länge 1900 m in Schöneberg. Benannt nach dem flämischen Maler Peter Paul Rubens. Der 700 m lange nördliche Abschnitt der Straße hieß bis 1911 Holbeinstraße.

Am Nordende der Straße an der Ecke zur ↑Hauptstraße steht das sogenannte ›**Atom-Hochhaus**‹ von Hans Schoszberger und am südlichen Ende das 1906 eröffnete **Auguste-Viktoria-Krankenhaus** mit einem sehens-

⇧ *Rubensstraße an den Ceciliengärten um 1940.*
⇩ *Das Auguste-Viktoria-Krankenhaus in den 1910er-Jahren.*

werten Skulpturengarten. Die 1958 eingeweihte katholische Kirche ›St. Konrad‹ in der Rubensstraße 74–78 wird inzwischen auch von der Syrisch-Orthodoxen Gemeinde genutzt.

Auf der seinerzeit noch unbebauten Ostseite der Rubensstraße fand zwischen Wannseebahn und ↑Peter-Vischer-Straße 1907 eine fünfmonatige **Gewerbeausstellung** statt. ⇨

⌂ Nr. **2–12**: Wohn- und Geschäftshaus von Hans Schoszberger (1958) • Nr. **3–47**: Wohnanlage von Paul Mebes & Paul Emmerich (1928) • Nr. **53–61**: Siedlung Grazer Damm (1940) • Nr. **58**: Mietshaus (1905) • Nr. **63**: Uckermark-Grundschule von Paul Egeling (1909) • Nr. **70**: Mietshaus von James Ruhemann (1908) • Nr. **74/78**: St. Konrad-Kirche von Hans Schaefers (1957) • Nr. **85/87**: Gemeindehaus der Nathanael-Kirche von Heinrich Seidel & Peter Jürgensen (1928) • Nr. **89–109**: Wohnanlage von Peter Jürgensen (1929) • Nr. **127–135**: Auguste-Viktoria-Krankenhaus, Krankenhausgarten (1903–1910)

Saarstraße (1875–)

Länge 290 m. Benannt nach der Saar, einem Nebenfluss der Mosel. Früher ↑Bahnstraße. Der Philosoph und Politiker **Karl Kautsky** wohnte in der Saarstraße 14. Die heutige ↑Schmiljanstraße, die praktisch eine Verlängerung der Saarstraße ist, hieß zwischen 1883 und 1890 ebenfalls Saarstraße.

⌂ Nr. **1**: Mietshaus (1905) • Nr. **7**: Mietshaus von Richard Preuß (1910) • Nr. **8**: Mietshaus von Karl Kremser & Albert Weber (1909) • Nr. **14**: Landhaus von W. Spieß (1884) • Nr. **21**: Mietshaus von Otto Hausherr (1904)

Saarstraßen Brücke, Saar-Brücke

↑Friedenauer Brücke

⇧ *Der Schillerplatz um 1910.*
⇩ *Blick um 1920 in die Schmargendorfer Straße von der Rheinstraße zum Friedrich-Wilhelm-Platz.*

Sarrazinstraße (1947–)

Länge 340 m. Benannt nach dem Ingenieur und Friedenauer Gemeindeverordneten Otto Sarrazin (1842–1921), davor ↑Bismarckstraße und ↑Jänischallee. Sarrazin war Chefredakteur des ›Zentralblatt der Bauverwaltung‹ und später Herausgeber der ›Zeitschrift für das Bauwesen‹.

Der Architekt und Schriftsteller **Max Frisch** wohnte in der Sarrazinstraße 8.

⬠ Nr. **11–15**: Verwaltungsgebäude von Fritz Fuß & Cornelius van der Hoeven (1939) • Nr. **19**: Landhaus von Max Trappe (1887)

Schillerplatz (1905–)

Durchmesser 70 m. Benannt nach dem Dichter Friedrich Schiller (1759–1805). Die ursprüngliche Platzgestaltung war mit der des ↑Renée-Sintenis-Platz vergleichbar. Ende der 1950er-Jahre wurde die ↑Wiesbadener Straße verbreitert und der Platz in eine schlichte Kreuzung umgewandelt.

Schillingstraße (1873–1890)

Durch Teilung der Schillingstraße 1890 entstanden die ↑Fröaufstraße und die ↑Hackerstraße.

Schmargendorfer Platz (–1905)

↑Renée-Sintenis-Platz

Schmargendorfer Straße (1875–)

Länge 390 m. Benannt nach dem Wilmersdorfer Ortsteil Schmargendorf. 1890 wurde ein Teil der Straße in 1890 ↑Kasseler Straße und dann 1902 in ↑Wiesbadener Straße umbenannt. In der Schmargendorfer Straße 32 hat der karibische Inselstaat Jamaika seine Botschaft und in dem burgähnlichem Landhaus von Otto Hoffmann

⇧ *Blick von der Rheinstraße in die Schmiljanstraße um 1900.*
⇩ *Das Gasthaus ›Prinzen Handjery‹*
Schmiljanstraße Ecke Handjerystraße um 1910.

mit der Hausnummer 19 an der Ecke zum ↑Friedrich-Wilhelm-Platz befindet sich das **Kinder- und Jugendzentrum ›BURG‹.**

⌂ Nr. **6**: Vorgarten (1904) • Nr. **14**: Landhaus Bauer von Franz Dreßler (1883) • Nr. **15**: Landhaus von Max Nagel & E. Kreuschmer (1882/1901) • Nr. **16**: Landhaus von Franz Dreßler (1883) • Nr. **18–19**: Landhäuser von Otto Hoffmann, 1884/1911) • Nr. **21**: Mietshaus von Wilhelm Bröse (1893) • Nr. **22**: Landhaus von Otto Hoffmann (1889) • Nr. **24**: Landhaus Dr. Bach von Otto Hoffmann (1884) • Nr. **25**: ehem. Schulgebäude von Otto Hoffmann (1900) • Nr. **25A**: Landhaus Dr. Lorenz von Max Nagel (1882) • Nr. **26**: Wohn- und Atelierhaus Hallatz von Wilhelm Kerbs & Otto Hoffmann (1884/1902) • Nr. **27–29**: Postamt von Ludwig Meyer & Robert Gaedicke (1920/35)

Schmiljanstraße (1962–)

Länge 345 m. Benannt nach Hans Kurt Willi Schmiljan (1901–1961), Volkswirt und Politiker. Früher ↑Saarstraße und ↑Kirchstraße.

⌂ Nr. **1, 2, 3**: Mietshäuser von R. Miethe (1892/93) • Nr. **3**: Mietshaus von W. & P. Kind (1911) • Nr. **11**: Verwaltungsgebäude von Robert Schöffler (1958) • Nr. **12**: Mietshaus von James Ruhemann (1893) • Nr. **16, 17**: Mietshäuser von H. Pählchen (1891/94) • Nr. **21**: Mietshaus von Klitscher & Afdring (1908) • Nr. **28**: Innenhof (1906)

Schnackenburgstraße (1931–)

Länge 170 m. Benannt nach dem Politiker Bernhard Schnackenburg (1867–1924), davor ↑Feurigstraße. Schnackenburg war Gemeindevorsteher in Friedenau und später Oberbürgermeister von Altona.

⌂ Nr. **3**: Mietshaus von A. Westphal (1889) • Nr. **4**: Landhaus von E. Kreuschmer (1886), Werkstattgebäude von R. Lange (1901) • Nr. **9–10**: Mietshaus von Otto Bauer (1892) • Nr. **11**: Mietshaus von Oskar Haustein (1896)

Schulplatz

↑Breslauer Platz

⇧ *Das Rheingau-Gymnasium in der Schwalbacher Straße kurz nach der Eröffnung 1910.*
⇩ *Blick von der Bundesallee in die Sentastraße in den 1910er-Jahren.*

Schwalbacher Straße (1895–)

Länge 300 m. Benannt nach Bad Schwalbach, einer Stadt im Rheingau-Taunus-Kreis.

Am Ende der Straße auf Wilmersdorfer Grund steht die katholische **St. Marienkirche** auf dem Bergheimer Platz. In der Schwalbacher Straße 3–4 befindet sich das von Hans Altmann 1910 erbaute Rheingau-Gymnasium.

⊠ Nr. **3–4**: Realgymnasium Friedenau (Rheingau-Oberschule) von Hans Altmann (1910) • Nr. **8**: Mietshaus von Schüler & Montag (1911) • Nr. **10**: Mietshaus von Max Heinrich & Richard Zwicker (1909)

Schwarzwaldstraße

Eine 1895 nach dem süddeutschen Mittelgebirge benannte und 1908 aufgegebene Straße. Der Verlauf der Schwarzwaldstraße deckte sich größtenteils mit dem Abschnitt ↑Bundesallee bis ↑Stubenrauchstraße des ↑Südwestkorso.

Semperstraße (1914–)

Länge 100 m in Schöneberg. Benannt nach dem Architekten Gottfried Semper (1803–1879).

⊠ Nr. **2**: Siedlung und Grünanlagen Ceciliengärten von Heinz Lassen und Albert Brodersen (1928)

Sentastraße (1906–)

Länge 95 m. Im ↑Wagnerviertel, abgeteilt von der ↑Mainauer Straße und benannt nach Senta, einer Figur aus Richard Wagners Oper *Der Fliegende Holländer*. Die Publizistin und Frauenrechtlerin **Helene Stöcker** wohnte in der Sentastraße 5.

⊠ Nr. **6**: Doppelmietshaus von Hugo Merckens (1906) | ⊠ Nr. **3**

⇧ *Blick vom Varziner Platz in die Sieglindestraße in den 1910er-Jahren.*
⇩ *Blick von der Hauptstraße in die Sponholzstraße um 1900.*

Sieglindestraße (1906–)

Länge 150 m. Im ↑Wagnerviertel, benannt nach Sieglinde, in Richard Wagners Oper *Der Ring des Nibelungen* die Mutter von Siegfried dem Drachentöter. An der Sieglindestraße Ecke ↑Bundesallee befindet sich die Gaststätte ›Panorama‹, in der der Herausgeber dieses kleinen Friedenau-Büchleins gerne sein Feierabend-Bier trinkt.

⌂ Nr. **5**: Mietshaus von Fritz Schönknecht (1906) | ⌧ Nr. **1**

Sponholzstraße (1884–)

Länge 570 m in Schöneberg. Benannt nach dem Unternehmer Johann Christian August Sponholz (1827–1907). Sponholz kaufte und parzellierte in den 1870er Jahren Boden zwischen der Chaussee (↑Hauptstraße) und der Eisenbahn von Berlin nach Potsdam, und baute an der später nach ihm benannten Straße mehrstöckige Wohnhäuser.

⌂ Nr. **4A–4B**: Doppelmietshaus von Johannes Schmidt und Peter Fischer (1889/91) • Nr. **8**: Wohnhaus von C. Böttcher (1886) • Nr. **9**: Wohnhaus von August Strieche (1886) • Nr. **11**: Villa von Johannes Schmidt (1899) • Nr. **23–24**: Doppelhaus von Johannes Schmidt (1885) • Nr. **31**: Mietshaus von W. Ernst (1898) • Nr. **33**: Landhaus von Max Nagel (1885) • Nr. **40, 41**: Siedlung und Grünanlagen Ceciliengärten von Heinz Lassen und Albert Brodersen (1928) • Nr. **49**: Mietshaus von Robert Hoffmann (1887)

⌧ Nr. **35, 44**

Steglitzer Straße (1874–1889)
↑Bornstraße

Steglitzer Weg (1856–1880)
↑Laubacher Straße

⇧ *Blick über den verwilderten Güterbahnhof Wilmersdorf zur Bennigsenstraße.*

⇨ *Das inzwischen abgerissene Stellwerk am Güterbahnhof.*

⇩ *Bau der Brücke für die Ringbahngleise über die Prinregentenstraße 1908.*

Stierstraße (1901–)

Länge 315 m. Benannt nach dem Bauingenieur und Architekten Wilhelm Stier (1799–1856), Professor an der Berliner Bauakademie und wohnhaft in Schöneberg. In der Stierstraße 17–19 steht die 1962 nach einem Entwurf von Hansrudolf Plarre erbaute **Philippus-Kirche**. Der Maler **Karl Schmidt-Rottluff** und der Schriftsteller **Uwe Johnson** wohnten und wirkten in der Stierstraße 3.

◻ Nr. **1**: Mietshaus von Paul Meyer (1908) • Nr. **14–15**: Vorgarten und Innenhof von Otto Colosser (1911) • Nr. **22**: Mietshaus von Franz Fedler (1902)

☒ Nr. **3, 4, 5, 14/15, 16, 18, 19, 20, 21**

Straße am Güterbahnhof Wilmersdorf

Länge 600 m. Benannt am nach dem hier ehemals gelegenen Güterbahnhof Wilmersdorf. Die nördlich zur ↑Bennigsenstraße zwischen ↑Haupt- und ↑Handjerystraße verlaufende Privatstraße gehört nicht zum öffentlichen Straßenland. Das Gelände des in den 1970er Jahren geschlossenen Güterbahnhofs wurde für die Fachmesse ›InnoTrans‹ 1996 noch einmal reaktiviert. In Zukunft sollen hier neue Wohnungen entstehen.

Stubenrauchstraße (1889–)

Länge 1120 m. Benannt nach den Juristen und Politiker Ernst von Stubenrauch (1853–1909), Landrat des Kreises Teltow und später Polizeipräsident in Berlin. Stubenrauch hat sich um die Infrastruktur des Kreises Teltow verdient gemacht, vor allem durch den Bau des Teltow-Kanals. Der von ihm 1891 erlassenen Bauordnung ist die relativ lockere Bebauung Friedenaus zu verdanken.

Die Stubenrauchstraße bildet zusammen mit der ↑Handjerystraße die für Friedenaus Straßenstruktur charakteristische U-Form, die in alten Plänen als ↑Ringstraße und ↑Promenade verzeichnet ist. Der

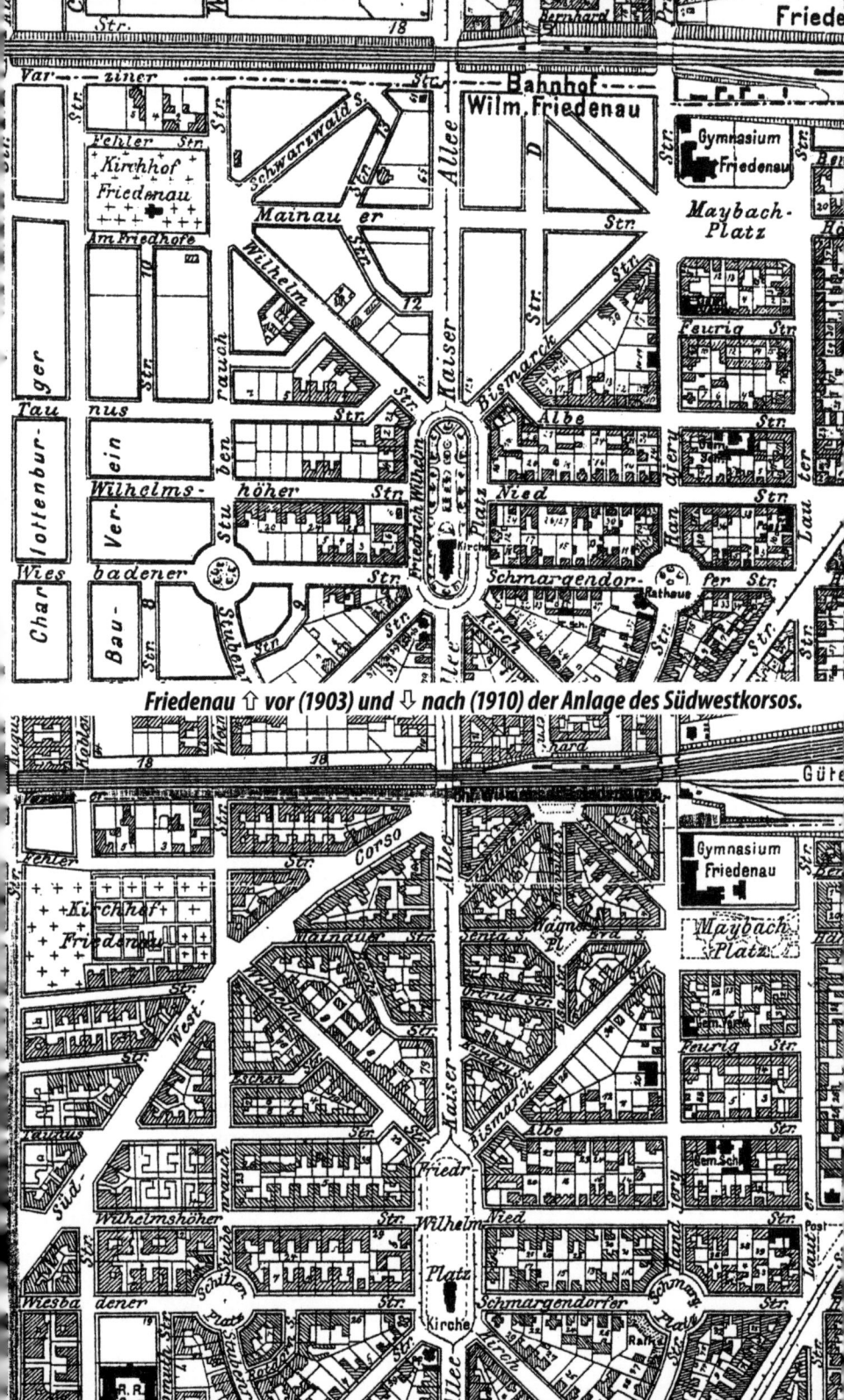

Friedenau ⇧ vor (1903) und ⇩ nach (1910) der Anlage des Südwestkorsos.

Schriftsteller **Georg Hermann** wohnte in der Stubenrauchstraße 5 und der Chemiker und Schriftsteller **Otto Dammer** in der Nr. 67. Zur Jahreswende 1927/1928 wurde das Vokalensemble **Comedian Harmonists** in der Stubenrauchstraße 47 gegründet.

In der Stubenrauchstraße 21 befand sich von 1952 bis 1968 das **Baby-Filmtheater** mit 156 Sitzplätzen.

An der Stubenrauchstraße 43–45 befindet sich der ›III. Städtischer **Friedhof Stubenrauchstraße**‹ auf dem viele Künstler, so **Marlene Dietrich** und **Helmut Newton**, ihre letzte Ruhe fanden.

▱ Nr. **3**: Mietshaus von Franz Steinbrucker & Anton Raubert (1908) • Nr. **5**: Mietshaus mit Einfriedung von F. & H. Wessel (1900) • Nr. **7**: Landhaus von E. Kreuschmer (1891) • Nr. **42**: Mietshaus von Hans Hoebke (1901) • Nr. **43–45**: III. Städtischer Friedhof (Gartendenkmal) / Friedhofskapelle W. Spieß (1889) / Urnenhalle von Hans Altmann (1916) • Nr. **46**: Mietshaus von Leberecht Thon & Paul Jatzow (1910) • Nr. **47**: Mietshaus von Ottomar Melzenbach (1910) • Nr. **48**: Mietshaus von Otto Völker (1910) • Nr. **49**: Mietshaus von Paul Jatzow (1911) • Nr. **59**: Mietshaus von Rein & Haak (1905) • Nr. **72**: Laborgebäude der Askaniawerke von Hans Altmann (1936)

☒ Nr. **11, 63**

Südwestkorso (1909–)

Länge 800 m in Friedenau, 860 m in Wilmersdorf. Benannt als ›Ausfallstraße‹ Berlins nach Südwesten.

Um die neugegründete Domäne Dahlem verkehrstechnisch zu erschließen wurde neben der ›Dahlemer U-Bahn‹ auch der Südwestkorso angelegt. Den nördlichen Anfang der Straße bildete die ehemalige ↑ Schwarzwaldstraße, der weitere Verlauf durchbricht

⇧ *Blick von der Ringbahnhof in den Südwestkorso um 1910.*
⇩ *Das ›Kleine Theater‹ an der Ecke Südwestkorso/Taunusstraße.*

dann aber die ursprüngliche Planung der ↑ Carstenn-Figur. Entlang des repräsentativen Korsos mit einem Reitweg auf dem breiten Mittelstreifen entstand dann ein neues Friedenauer Viertel und die ›Künstlerkolonie Berlin‹ im Wilmersdorfer Abschnitt.

⌂ Kiosk auf dem Liane-Berkowitz-Platz von Hans Altmann (1920) • Nr. **1**: Mietshaus von Ernst Selge (1909) • Nr. **2**: Mietshaus mit Vorgarteneinfriedung von Richard Lange & Joseph Reuthers (1908) • Nr. **3**: Mietshaus (1910) • Nr. **4**: Mietshaus von Georg Karmann (1908) • Nr. **11**: Mietshaus von Max Traeger (1910) • Nr. **11A**: Mietshaus von Richard Zimmermann (1910) • Nr. **12–12A**: Mietshaus von Alfred Lowitzki (1910) • Nr. **15–16**: Mietshäuser von Franz Hebold (1909/10) • Nr. **17**: Mietshaus von Franz Hebold (1910) • Nr. **62**: Mietshaus von Walter Neitzke (1911) • Nr. **63**: Mietshaus von Willi Wanderscheck (1911) • Nr. **63A**: Mietshaus von Willibald Kübler (1911) • Nr. **64**: Mietshaus von Franz Helding (1911) • Nr. **65**: Mietshaus von Hermann Völcker (1911) • Nr. **65A**: Mietshau von Ernst Steffen (1911) • Nr. **66**: Mietshaus von Franz Helding (1910) • Nr. **67**: Mietshaus von Arthur Neumann (1910) • Nr. **68**: Mietshaus von Ottomar Melzenbach (1910) • Nr. **69**: Mietshaus von Leberecht Thon & Paul Jatzow (1910) • Nr. **70**: Mietshaus (1905) • Nr. **74**: Mietshaus von Emil Schaudt (1908) • Nr. **75**: Mietshaus von August Giebler (1908)

Taunusstraße (1898–)

Länge 495 m. Benannt nach dem hessischen Mittelgebirge Taunus.

1956 eröffneten die **Korso-Lichtspiele** im Hof des Hauses an der Ecke zum ↑ Südwestkorso 64. Seit der Schließung des Kinos 1973 werden die Räumlichkeiten vom ›**Kleinen Theater**‹ genutzt, dessen musikalische Revue *Das Küssen macht so gut wie kein Geräusch* in Berlin weit bekannt wurde.

⌂ Nr. **10**: Mietshaus von Hermann Völcker (1911) • Nr. **17**: Mietshaus von Franz Hebold (1909) • Nr. **29**: Mietshaus von Ferdinand Lante (1907) • Nr. **30**: Vorgarten von Julius Moldt (1909) | ⌧ Nr. **4, 11, 20**

⇧ *Der Varziner Platz um 1910.* ⇩ *Eingang zum Ringbahnhof 1877 und 2011.*

⇩ *Der Eingang an der Bernhardstraße in Wilmersdorf in den
1950er-Jahren. Von hier gelangt man zum Ringbahnhof und
unter den Bahndamm hindurch auch zum Varziner Platz.*

Thorwaldsenstraße (1901–)

Länge 900 m in Steglitz. Straße an der Grenze zum ›Dürerkiez‹, benannt nach dem dänischen Bildhauer Bertel Thorvaldsen (1770–1844).

Traegerstraße (1912–)

Länge 250 m in Schöneberg. Benannt nach Albert Traeger (1830–1912), Mitglied des Reichstages. In der Traegerstraße 2 lebte der Musikschriftsteller **Arnold Ebel**.

⌂ Nr. **2–3**: Siedlung und Grünanlagen Ceciliengärten von Heinz Lassen & Albert Brodersen (1928) • Nr. **5–6**: Wohnanlage von Heinz Lassen (1928) • Nr. **4, 7–11**: Wohnanlage von Paul Mebes & Paul Emmerich (1928) • Nr. **12–14**: Wohn- und Geschäftshaus von Hans Schoszberger (1958)

Varziner Platz (1983–)

Größe 60 m × 40 m. Benannt nach der hier verlaufenden ↑Varziner Straße. Nachdem 1978 das Teilstück Detmolder Straße–Wexstraße der Stadtautobahn A 100 fertig gestellt wurde, war es an der Zeit, den ›Schleichweg‹ vom ↑Südwestkorso zur ↑Handjerystraße dicht zu machen. Dafür wurde die Varziner Straße an der ↑Brünnhildestraße unterbrochen und 1983 ein neuer, den Fußgängern vorbehaltener Platz geschaffen.

Am Platz finden sich das 1935 eröffnete **Cosima-Kino** und der Süßkramdealer in der ehemaligen, 1906 gegründeten **Cigarrenhandlung Loeser & Wolff** mit einer bis heute nahezu komplett erhalten Ladenausstattung im üppigen Stil der Gründerzeit. Hier kaufte auch die junge **Hildegard Knef** (1925–2002) Tabak für ihren Papa. Die Knef wohnte gleich hinterm Bahndamm zuerst in der Bernhardstraße 5, dann in Nr. 6. Beide Häuser existieren heute nicht mehr, wenn man aber auf der Autobahn unterwegs ist, kann man durch ihre damaligen Wohnungen fahren.

⇧ *Stiftungsfest des Friedenauer Männer-Turnverein am 10.5.1896 im Sportpark. Im Hintergrund der Ringbahnhof Wilmersdorf.*

⇩ *Die Radrennbahn im ›Sportpark Friedenau‹. Die Bahn befand sich an der Sarrazin- und der Handjerystraße, der Turm in der Mitte des unteren Fotos etwa an der Stelle, wo später der Cosimaplatz entstand.*

Varziner Straße (1900–)

Länge 810 m. Benannt nach dem Dorf
Varzin in Ostpommern, in dem Reichskanzler Otto von Bismarck ein Rittergut

besaß. Die Straße bildet die Ortsteilgrenze zu Wilmersdorf entlang der Ringbahntrasse. In der Varziner Straße
18 hatte die **Bildgießerei Hermann Noack** bis zum Jahr
2009 ihre Werkstätten. ☒ Nr. **9, 13/14**

Wagner Platz (1906–1935)

Benannt nach dem Komponisten Richard Wagner
(1813–1883). Heute ↑Cosimaplatz.

Wagnerviertel

Das Wagnerviertel rund
um den Wagnerplatz (↑Cosi-
maplatz) wurde ›aus einem
Guss‹ geplant. Auf diesem
Terrains befand sich der
›**Sportpark Friedenau**‹ mit
einer 1897 errichteten 500
Meter langen ovalen Rad-
rennbahn. Eigentlich sollte
hier der Gasometer Schöneberg errichtet werden, was
bei den Friedenauern aber
auf wenig Gegenliebe stieß.
Zwischen 1905 und 1909
entstand dann ein neues
Viertel, dessen acht Straßen
nach Frauengestalten aus
den Werken von Richard

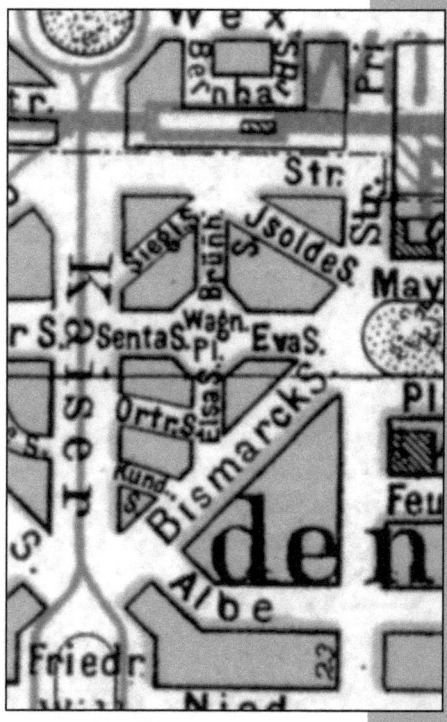

Wagner benannt worden sind: ↑Brünnhildestraße,
↑Elsastraße, ↑Evastraße, ↑Isoldestraße, ↑Kundrystraße,
↑Ortrudstraße, ↑Sentastraße und ↑Sieglindestraße.

Die Straßenecke Bundesallee und Rheinstraße am Walter-Schreiber-Platz 1935, 1953 und 1994 (von oben nach unten).

Walther-Schreiber-Platz (1958–)

Größe 100 × 50 m. Benannt nach dem Politiker Walther Schreiber (1884–1958), Regierender Bürgermeister von Berlin 1953–54. Der Platz bildet die Ortsteilgrenze zu Steglitz. Gelegentlich wird der Platz von den Anwohnern auch als Rheineck bezeichnet. Das ursprüngliche Areal wurde anlässlich des Baus der U-Bahnlinie U 9 im Jahr 1971 in seine jetzige Platzform gebracht. In dieser Zeit entstand das ›**Forum Steglitz**‹ – eines der ersten Einkaufszentren in Deutschland nach dem ›Shop-in-Shop‹-System – auf dem Gelände des seit 1908 hier ansässigen Bornmarkt. An der spitzen Ecke zwischen ↑ Bundesallee und ↑ Rheinstraße befindet sich das denkmalgeschützte Gebäude des ehemaligen Konfektionshaus ›Ebbinghaus‹.

Wexstraße (1911–)

Länge 400 m in Friedenau, 480 m in Schöneberg und 220 m in Wilmersdorf. Benannt nach dem Bauingenieur Eduard Wex (1827–1902), Präsident der Eisenbahndirektion Berlin. Bei dem in Friedenau gelegenen Teilstück der Wexstraße handelt es sich um eine – für Fußgänger und Radfahrer gesperrte – kurze Kraftfahrstraße, die als autobahnähnliche Fahrbahn in die ›Anschlussstelle Innsbrucker Platz‹ der Stadtautobahn A 100 übergeht. Im Wilmersdorfer Teil der Wexstraße wurde dieses kleine Büchlein über die Straßen in Friedenau gestaltet.

Wielandstraße (1884–)

Länge 590 m in Schöneberg. Benannt nach dem Dichter Christoph Martin Wieland (1733–1813). **Rosa Luxemburg** lebte von 1900 bis 1902 in der Wielandstraße 23.

⌂ Nr. **8**: Mietshaus (1895) • Nr. **9**: Mietshaus (1900) • Nr. **10**: Mietshaus von Eduard Bull (1898) • Nr. **11**: Mietshaus von James Ruhemann (1893) •

⇧ *Blick in die Wiesbadener Straße in den 1910er-Jahren Richtung Friedrich-Wilhelm-Platz.*

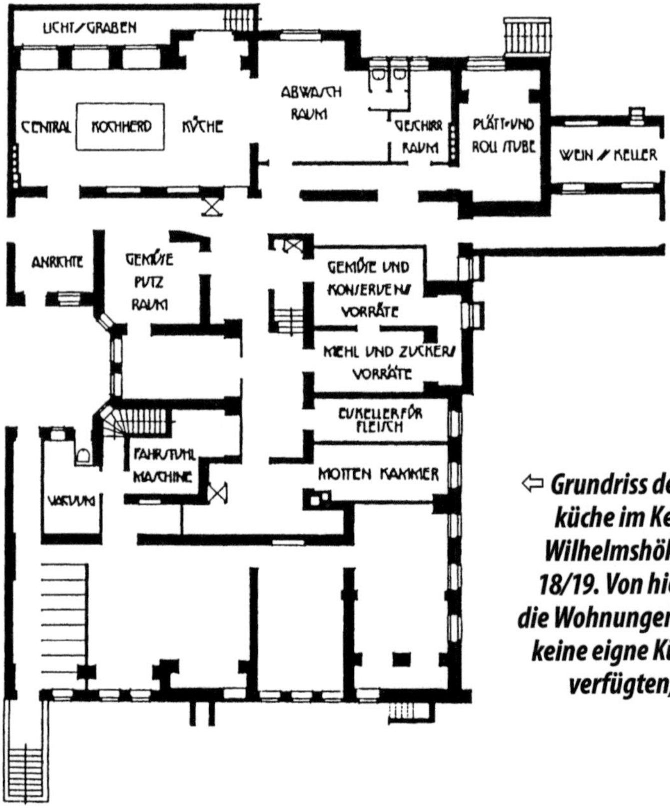

LICHT/GRABEN

CENTRAL · KOCHHERD · KÜCHE

ABWASCH RAUM

GESCHIRR RAUM

PLÄTT-UND ROLL STUBE

WEIN / KELLER

ANRICHTE · GEMÜSE PUTZ RAUM

GEMÜSE UND KONSERVEN VORRÄTE

MEHL UND ZUCKER VORRÄTE

EVKELLER FÜR FLEISCH

FAHRSTUHL MASCHINE

VAKUUM

MOTTEN KAMMER

⇦ *Grundriss der Zentralküche im Keller in der Wilhelmshöher Straße 18/19. Von hier wurden die Wohnungen, die über keine eigne Küche mehr verfügten, versorgt.*

Nr. **12**: Mietshaus (1895) • Nr. **13**: Mietshaus von Peter Fischer (1894) • Nr. **14**: Mietshaus von Emil Schütze (1893) • Nr. **14A**: Mietshaus (1895) • Nr. **16**: Villa von Carl Schäfer (1887) • Nr. **18**: Mietshaus von Eduard Friedrich (1889/93) • Nr. **22**: Mietshaus von Max Träger (1912) • Nr. **25–25B**: Mietshausgruppe von Eduard Schütze (1895) • Nr. **27**: Villa von Johannes Schmidt (1886) • Nr. **36**: Mietshaus von A. Colosser (1896) | ☒ Nr. **5, 22, 27**

Wiesbadener Straße (1902–)

Länge 515 m in Friedenau, 1480 m in Wilmersdorf. Benannt nach der hessischen Landeshauptstadt Wiesbaden, davor ↑ Schmargendorfer Straße und ↑ Kasseler Straße.

⊠ Nr. **83, 84**: Mietshäuser von Paul Schröder (1905) • Nr. **89**: Landhaus von Otto Hoffmann (1890)

Wilhelm-Hauff-Straße (1926–)

Länge 125 m in Friedenau, 80 m in Schöneberg. Benannt nach dem Schriftsteller und ›Märchen-Erzähler‹ Wilhelm Hauff (1802–1827), davor Haufstraße (mit einem »f«), und Hauffstraße (mit zwei »f«). Kurzzeitig lebte hier Literaturhistoriker und Schriftsteller **Heinrich Spiero** (1876–1947). ☒ Nr. **19**

Wilhelmshöher Straße (1890–)

Länge 460 m. Benannt nach Schloss Wilhelmshöhe bei Kassel. Der Schriftsteller und Widerstandskämpfer **Adam Kuckhoff** wohnte in der Wilhelmshöher Straße 18/19, die Widerstandskämpferin **Erika von Brockdorff** in der Nr. 17. Die Gebäude mit den Hausnummern 17, 18/19 und 20 wurden in den 1910er Jahren als ›**Einküchenhaus**‹ konzipiert. Unter diesem Begriff wird das im Jahr 1900 von der Sozialdemokratin Lily Braun in der sozialistischen Debatte über Wohnungsreform und Frauenemanzipation vorgestellte Konzept einer Ge-

⇧ *Der Wilmersdorfer Platz um 1920. Im Hintergrund die Kirche ›Zum Guten Hirten‹ am Friedrich-Wilhelm-Platz.*
⇩ *Der Renée-Sintenis-Platz heute.*

meinschaftseinrichtung verstanden, mit der sie eine grundlegende Idee zur Reform der Hauswirtschaft schuf.

◁ Kiosk auf dem Liane-Berkowitz-Platz von Hans Altmann (1920) • Nr. **14**: Mietshaus von Alfred Winker (1912) • Nr. **17–20**: Einküchenhäuser von Albert Geßner (1912).

Wilhelmstraße (–1937)

Benannt nach dem deutschen Kaiser Wilhelm I. (1797–1888). Heute ↑Görresstraße

Wilmersdorfer Platz (1905–1967)

↑Renée-Sintenis-Platz

Zehlendorfer Straße (–1872)

↑Bornstraße

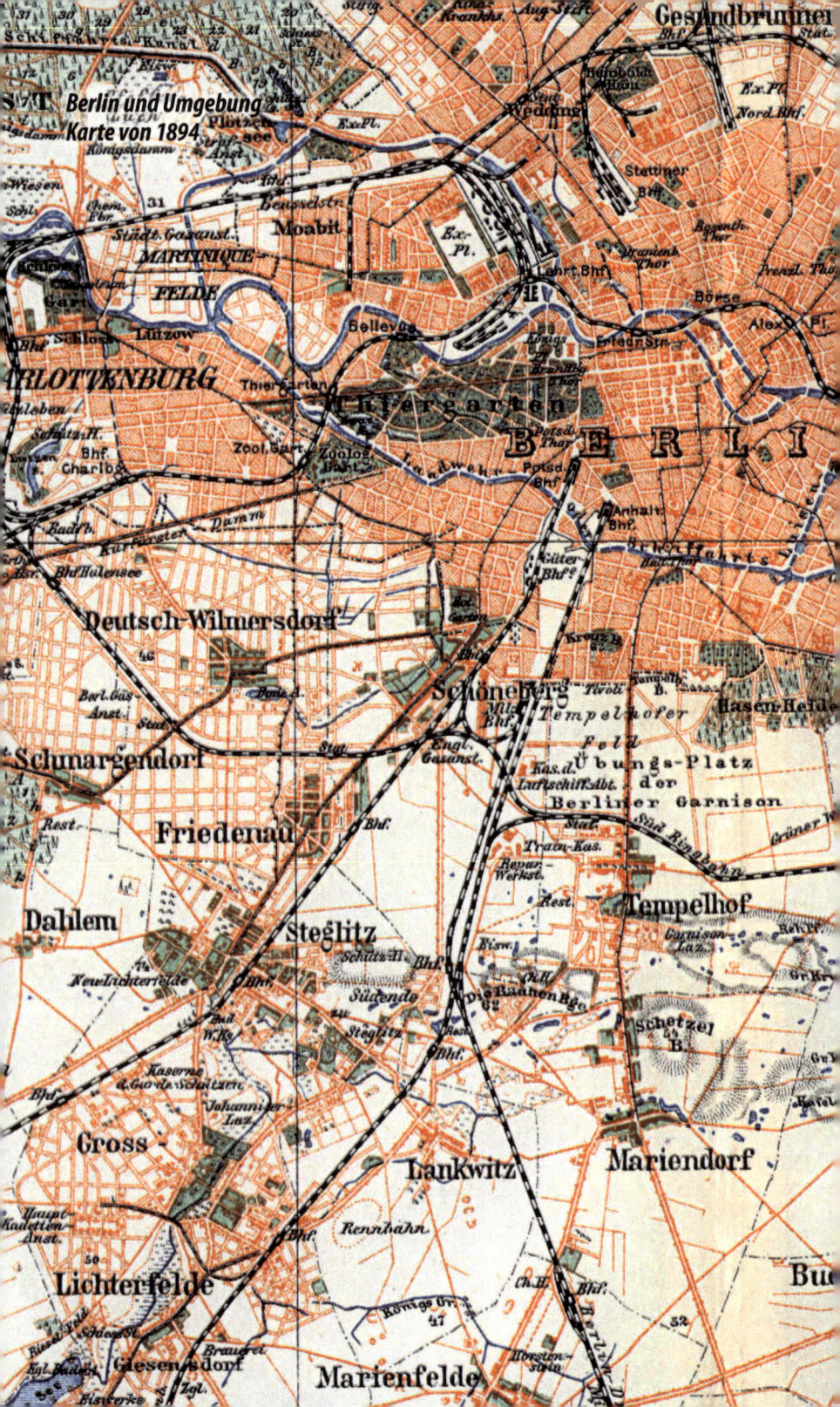

Berlin und Umgebung
Karte von 1894

Landhausbauten in der Umgegend von Berlin

Zentralblatt der Bauverwaltung ♦ 1884

Die so genannte ›Gründerzeit‹ hat mehr als irgendwo anders in der Umgebung der Reichshauptstadt ihre Spuren zurückgelassen. Eine fieberhafte und plötzliche Steigerung in der Entwicklung der Vorstädte Berlins ging mit dem Überfluss an Geldmitteln Hand in Hand. Die in der Hauptstadt hervortretende Wohnungsnot, verursacht durch einen überraschend starken Zuzug von Menschen, welche in dem Mittelpunkte des neuen Deutschen Reiches ihr Glück suchten, gab den hauptsächlichsten Anlass zu dieser Erscheinung. Das Ackerland verwandelte sich über Nacht in Baugrund, in meilenweitem Umkreise entstanden gepflasterte Straßenzüge, mit Baumreihen bepflanzt, im Geiste der Gründer schon besetzt mit ländlichen Wohngebäuden und zahlreich bevölkert! Großartige Bebauungspläne und genaue Bebauungsvorschriften wurden ausgearbeitet, und der auf die Grundstücke gelegte Bauzwang begann alsbald und überall zu wirken. Doch früher, als man hatte denken können, kam das jähe Ende der Gründungen; das Geld hörte auf zu zufließen, und eine Ansiedelung nach der anderen geriet in Verfall. Die Villenvorstädte wurden dem Berliner zum Spott und der Pflug ging über die Stätte, wo Bauten und Gärten sich hatten ausbreiten sollen.

Anders gestalteten sich die Verhältnisse erst nach Verlauf mehrerer Jahre, nachdem die großen Land- und Baugesellschaften meist ihr Ende gefunden und viele kleinere Besitzer ihr Vermögen verloren hatten. Die in die Höhe geschraubten Grundstückpreise fielen und gesundere Verhältnisse kehrten zurück. Hiermit tritt eine neue Zeit für die vielgeschmähten Vorstadtgründungen ein. Der gesunde Gedanke, dem Häusermeer der Hauptstadt zu entfliehen und in ländlicher Umgebung sich ein eigenes Heim zu schaffen, gewann auf erneuter Grundlage wieder Anhänger, und ein langsameres, aber stetig fortschreitendes Wachstum der Villenorte begann. Zu jener Zeit (Herbst 1881) bildete sich unter dem Vorsitz des Herrn J. Schulze eine Vereinigung mit dem Zwecke, ihren Mitgliedern die Beschaffung billiger Wohnhäuser zu ermöglichen. Die Sache war so gedacht, dass ein Bauunternehmer für den nach kurzer Zeit schon aus etwa 100 Mitgliedern bestehenden Verein die Bodenflächen erwerben und sie mit Häusern besiedeln sollte. Diese Häuser sollten von den Vereinsmitgliedern mittels geringer Anzahlung und durch allmähliche Abzahlung erworben werden können. Bald ergab sich aber, dass auf dieser Grundlage ein Einzel-Unternehmer nicht gefunden werden konnte, und erst nach vielen vergeblichen Versuchen gelang es dem Unterzeichneten, eine Verbindung von Unternehmern zu bilden, welche den Forderungen des Vereins, wenn auch nicht in der ursprünglichen Form, so doch in allen wesentlichen Punkten gerecht geworden ist. Diese Verbindung bestand aus den Herren Architekt O. Hoffmann, damals Vertreter der Verblendziegelei Siegersdorfer Werke, in Gemeinschaft mit dem Besitzer der genannten Ziegelei, Regierungs-Baumeister F. Hoffmann, dem Zimmermeister F. W. Hesse und dem Maurermeister M. Ziegra. Der Verfasser übernahm die gesamte künstlerische und geschäftliche Leitung des Unternehmens, jedoch mit der Maßgabe, dass die Gesellschaft zur Sicherstellung der von ihr geleisteten Arbeiten und Lieferungen mit den Bauherrn behufs Abschluss der Verträge selbst in Verbindung trat. Hinsichtlich des künstlerischen Teils der Aufgabe hat der Unterzeichnete dem Regierungs-Bauführer Herrn L. Dihm die hervorragendste Unterstützung zu danken.

Die Aufmerksamkeit des Vereins hatte sich naturgemäß auf die besonders günstig gelegenen Vororte südlich und westlich von der Hauptstadt gerichtet. Es sind dies Westend, Wilmersdorf, Friedenau, Steglitz, Südende und Lichterfelde. Nach Prüfung aller einschlagenden Verhältnisse aber, namentlich der Wegeverbindungen, hat die ausgedehnteste Bautätigkeit in Friedenau Platz gegriffen, danach in Steglitz und endlich in Lichterfelde. Es darf nicht Wunder nehmen, dass die Wahl besonders oft auf Friedenau gefallen ist, da die Verbindung mit Berlin (täglich einige 70 Züge mit einer Fahrzeit von 9 bis 10 Minuten) hier die bequemste ist. Dazu kommt die Lage an zwei verschiedenen Bahnen, der Potsdamer und der Ring- und Stadtbahn.

Friedenau, im Herbst 1871 gegründet, hat eine Einwohner-zahl von ungefähr 3–4000 Seelen, wenn man den zum Amts-bezirk Schöneberg gehörigen Teil des Ortes mitzählt. Die zum Verkauf gelangenden Grundstücke haben eine Größe von etwa 70 Quadratruten [rund 1000 m²] und liegen an schatti-gen, gepflasterten Straßen. Der ältere Teil der Anlage zeich-net sich durch schöne, bereits hochangewachsene Gärten aus, und es ist bei der Güte des Bodens zu hoffen, dass auch die neueren Teile bereits in kurzer Zeit den älteren nicht mehr nachstehen werden. Die meisten der schon früher vorhande-nen Häuser sind einzeln stehend erbaut und werden von je nur einer Familie bewohnt. Diese Anlage ist auch bei den neu erbauten festgehalten worden, und nur in den seltensten Fäl-len sind zwei Nachbarhäuser aneinander gebaut oder werden die Häuser von mehr als einer Familie bewohnt.

Es kam ursprünglich vor allem darauf an, billige Bauten her-zustellen, und man hat daher, ohne der technischen Tüchtig-keit zu schaden, überall die einfachste Ausführung zu Grunde gelegt. Als Bedürfnis wurden für das kleinste Haus 5 Wohn- und Schlafräume nebst den erforderlichen Wirtschaftsräu-men, wie Küche und Speisekammer, Waschküche und Keller sowie Bodenraum festgestellt. Die bei den älteren Häusern beliebte Anordnung, den Abtritt in ein besonderes Stallge-bäude zu verlegen, ist nicht beibehalten, sondern es ist stets ein Abtrittsraum im Hause selbst geschaffen worden. Bedeutende Schwierigkeiten bereitete die Verlegung der Schlafzimmer in ein besonderes oberes Stockwerk, da hier die Berliner Gewohnheit, alle Räume in einem einzigen Stockwerk vereint zu haben, in Frage kam. Die Küche in das Kellergeschoss zu verlegen, wie es bei größeren Villenbauten sonst so häufig geschieht, scheiterte an dem lebhaften Widerspruch fast sämtlicher Hausfrauen. Es kann auch nicht geleugnet werden, dass derjenigen Hausfrau, welche sich persönlich viel um die Küche bekümmern muss, eine bedeutende Zunahme an Arbeit erwächst, wenn die Küche im Keller, die Wohnräume im Erdgeschoss und die Schlafräume im 1. Stock liegen. Die geringste Bausumme für ein Wohnhaus ohne Grund und Boden und ohne alle Nebenanlagen, wie Umwehrung des Grundstücks, Brunnen u. s. w., hat sich auf rd. 10 500 Mark ergeben, und es sind derartige Häuser in größerer Anzahl erbaut worden.

Bei den geradezu trostlosen Erfahrungen, welche in den früheren Jahren in diesen Villenorten mit dem Putzbau gemacht worden sind, ist die Ausführung sämtlicher Bauten in Ziegelrohbau erfolgt. Alle dem Wetter ausgesetzten Teile der Gebäude sind aus gutem und echtem Material hergestellt. Stuck ist gar nicht zur Verwendung gelangt. Diese Art der Ausführung hat sich auch eines so großen Beifalls zu erfreuen, dass diejenigen Bauherren, welche Putzbauten zu haben wünschen, schon sehr selten geworden sind. Die Dächer sind fast sämtlich mit Siegersdorfer Falzziegeln gedeckt, die sich als vorzügliches Deckmaterial bewährt haben. Erst in neuester Zeit wurden einige Villen in Schieferdeckung nach deutscher Art ausgeführt.

Auf die Sicherung der Häuser gegen Erdfeuchtigkeit ist das größte Gewicht gelegt worden, da bei dem meist vorhandenen fetten Lehmboden die Gefahr der Schwammbildung nahelag. Asphaltisolierschicht, Goudronanstrich und Luftisolierschicht sind daher in jedem Hause zur Ausführung gebracht. Der fast immer gestellten Anforderung nach Wasserleitung ist dadurch Genüge geschehen, dass in den Küchen der Wohnungen besondere Pumpen angebracht sind, so dass das Wasser holen vom Hofe überflüssig wird.

Grundrifs vom Erdgeschofs.
Landhaus Ritter.

Landhaus Ritter.

Grundrifs vom Erdgeschofs.
Landhaus Günther.

Landhaus Günther.

Holzst. v. O. Ebel, Berlin.

Ich gebe vorstehend die Darstellung von zwei Häusern, von welchen das eine in Steglitz für den geheimen expedirenden Sekretär Herrn Ritter, das andere in Friedenau für Herrn Maler J. Günther zur Ausführung gelangt ist.

Beide sind charakteristisch für die von uns gewählte Form bei Anwendung überstehender Dächer oder bei Hochführung massiver Giebel. Das erstere ist gleichzeitig ein ziemlich getreues Abbild der von uns erbauten billigsten Häuser.

Die Grundrissanordnung ist bei beiden Häusern dem von uns entworfenen Normalgrundriss entsprechend.

• *Max Nagel*

Friedenau-Literatur

Natürlich konnte dieses Büchlein viele Themen nicht weiter vertiefen. Um mehr über Friedenau, seine Geschichte, Architektur und die Bewohner zu erfahren, empfehle ich Ihnen folgende Quellen: Der beste Ausgangspunkt für Recherchen im Internet ist die Wikipedia-Seite ›*de.wikipedia.org/wiki/Berlin-Friedenau*‹, die einen zusammengefassten Überblick des Ortsteils und dessen Geschichte gibt. Von hier aus führen viele Links zu weiteren Themen und vor allem die Literatur- und Quellenliste am Fuß der Seite ist recht hilfreich. Besonders erwähnenswert ist noch die Seite ›*de.wikipedia.org/wiki/Liste_der_Stolpersteine_in_Berlin-Friedenau*‹, auf der die Einzelschicksale, die hinter den Friedenauer Stolpersteinen stehen, ausführlich geschildert werden. Umfassende Informationen zu den Denkmälern bietet das Land Berlin auf der Seite ›*www.stadtentwicklung.berlin.de/denkmal/liste_karte_datenbank/de/denkmaldatenbank/index.shtml*‹. Wenn Sie hier im Suchfeld ›Ortsteil‹ den Begriff ›Friedenau‹ eingeben, erhalten Sie ein umfassende Aufstellung aller denkmalgeschützten Gebäude in Friedenau.

Unbedingt empfehlenswert ist das Buch ›*Denkmale in Berlin, Bezirk Schöneberg, Ortsteil Friedenau*‹, aus der Reihe ›Denkmaltopographie Bundesrepublik Deutschland‹ (2000, ISBN 3-922912-52-4). Neben ausführlichen Informationen zu den Denkmälern in Friedenau erfährt man hier auch viel über die (Bau-)Geschichte des Ortsteils.

Fast schon legendär ist das Buch ›*Friedenau – Aus dem Leben einer Landgemeinde 1871–1924*‹ von Hermann

Ebling (1986, ISBN 3-9801309-0-8). In dem leider nur noch antiquarisch erhältlichen Buch finden sich eine große Zahl von Fotos und Faksimiles aus der Friedenauer Geschichte.

In den letzten Jahren sind ein gutes Dutzend weiterer Friedenau-Bücher erschienen. Hier eine Auswahl ohne Anspruch auf Vollständigkeit und Lieferbarkeit:

- Werner Heilmann: ›Friedenau 1871–1920: Aus der Geschichte und dem Leben einer Landgemeinde‹ (Berlin 1964)
- Gertrud Köditz & Denis Will: ›Friedenau und seine Vorgärten‹ (Berliner Hefte, Band 1. Berlin 1985)
- Alfred Bürkner: ›Friedenau – Straßen, Häuser, Menschen‹ (1996, ISBN 3-87776-065-1)
- Christel & Heinz Blumensath: ›Das andere Friedenau – Spaziergänge durch 125 Jahre Kunst-, Literatur- und Baugeschichte‹ (Bezirksamt Schöneberg, 1996)
- Gudrun Blankenburg: ›Friedenau – Künstlerort und Wohnidyll. Die Geschichte eines Berliner Stadtteils‹. (2006, ISBN 3-8280-2350-9)
- Helmuth Pohren-Hartmann, Hermann Ebling & Evelyn Weissberg: ›Der Künstlerfriedhof in Friedenau‹ (2006, ISBN 3-9811242-0-0)
- Hermann Ebling: ›Friedenau erzählt: Geschichten aus einem Berliner Vorort – 1871 bis 1914‹ (2007, ISBN 978-3-9811242-1-7)
- Hermann Ebling: ›Friedenau erzählt: Geschichten aus einem Berliner Vorort – 1914 bis 1933‹ (2008, ISBN 978-3-9811242-2-4)
- Harry Balkow-Gölitzer: ›Prominente in Berlin-Friedenau und ihre Geschichten‹ (2010, ISBN 978-3-8148-0171-1)
- Peter Hahn & Jürgen Stich: ›Friedenau – Geschichte & Geschichten‹ (2015, ISBN 978-3-88922-107-0)

Index

Clemens C. Vogelsberg
Rechtsanwalt

Sieglindestraße 7
12159 Berlin
Tel.: (030) 885 501 95
Fax: (030) 885 501 96
E-Mail: buero@rechtsanwalt-vogelsberg.de

Ihr Liebling in Friedenau

www.rechtsanwalt-vogelsberg.de

Friedenau

Magnete • Postkarten • Lesezeichen

www.epilog.de/berlin.friedenau